# MUNDO)real

**MEDIA** *edition*

## Cuaderno para hispanohablantes

**3**

© Editorial Edinumen, 2016

**Authors:**
Equipo Prisma Latinoamericano

**Coordination Team:**
David Isa, Celia Meana and Nazaret Puente

With special thanks to Linda Vélez-Prikazsky, Roma Buendía, and María Mayberry for their contributions

**Cuaderno para hispanohablantes:** 978-1-107-47339-3

Reprinted 2015

*Printed in the United States of America*

**Editorial Coordination:**
David Isa and Mar Menéndez

**Cover Design:**
Juanjo López

**Design and Layout:**
Carlos Casado

**Photos:**
Thinkstock, Shutterstock

**Cambridge University Press**
32 Avenue of the Americas
New York, NY 10013

**Editorial Edinumen**
José Celestino Mutis, 4. 28028 Madrid. España
Telephone: (34) 91 308 51 42
Fax: (34) 91 319 93 09
e-mail: edinumen@edinumen.es
www.edinumen.es

## To the Student

Heritage speakers of Spanish bring a unique set of experiences and skills to the language classroom. Many heritage speakers have a strong understanding of spoken Spanish, but might have little experience reading or writing in the language.

The **Cuaderno para hispanohablantes** is designed to provide additional challenges for heritage language students at the high school level, and help heritage learners with the use of written accents, proper spelling, and practice reading and writing skills. This workbook recognizes the value in heritage speakers' experience, and embraces the diverse knowledge of the Spanish language that heritage students bring to the classroom.

## To the Teacher

Though a classroom that includes both monolingual English and heritage speakers is not without its challenges, each heritage student can be a positive presence and a unique resource for other students in the classroom. Establish a spirit of mutual respect and appreciation for all heritage speakers, regardless of proficiency level, as well as for monolingual English speakers who are new to Spanish. Invite your heritage speakers to introduce themselves and explain how much Spanish they know and who they learned it from. Encourage them to share what they can do well in Spanish and what skills they want to improve. Some of your heritage learners may understand spoken Spanish, but may not feel comfortable speaking. Encourage all students to learn from each other and to help one another.

The **Cuaderno para hispanohablantes** focuses on developing the linguistic skills of heritage speakers. The **Cuaderno** builds confidence by recognizing the value in heritage speakers' experience, and embracing the diverse knowledge of the Spanish language that these students bring to the classroom. To this end, the **Cuaderno para hispanohablantes** features the following:

- **Vocabulario** provides challenging activities that connect the unit themes to students' own lives and experiences.
- **Ampliación de vocabulario** encourages students to learn more about their own language usage, build and improve on what they know, and recognize regional differences.
- **Gramática** topics mirror those in the Student's Book, but are presented in Spanish and in greater depth.
- **Expansión de gramática** challenges students to go above and beyond the topics in the Student's Book and explore additional grammar structures.
- The skills represented in **Destrezas** include reading, writing, and public speaking: key skills for heritage speakers who already have a strong grasp of spoken Spanish.
- Students practice with the sounds and spelling of Spanish in **Fonética y ortografía**.
- The last section, **Cultura**, focuses on topics that celebrate the rich experiences and traditions of the Spanish-speaking world.

In addition, each level of the series corresponds directly to the *Mundo Real Media Edition* Student's Book, with complementary grammar and vocabulary sequencing. All activity direction lines are in Spanish. New audio activities, created specifically for the **Cuaderno para hispanohablantes**, accompany many of the activities.

# CONSTRUYENDO UN FUTURO

## A. VOCABULARIO

### EL MEDIOAMBIENTE (Textbook pp. 44-46)

**1.1** Aquí tienes algunas palabras relacionadas con el medioambiente. Algunas son positivas y otras negativas. Clasifícalas y piensa por qué.

- sequía
- reciclaje
- envases de plástico
- basura
- botes de basura
- contaminación
- baterías
- consumo
- industria
- gases contaminantes
- transporte
- ahorro
- cuidado
- protección
- energía eléctrica
- incendio
- daño
- latas
- conservación
- papel reciclado
- inundaciones
- recogida selectiva
- vertidos
- ONG

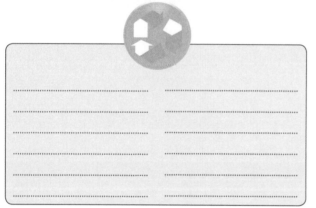

**1.2** Ahora, encuentra las acciones que se relacionan con los siguientes nombres. Ayúdate de un diccionario monolingüe.

**a.** El reciclaje _reciclar_

**b.** La basura

**c.** La contaminación

**d.** El consumo

**e.** El ahorro

**f.** Los vertidos

**g.** El daño

**h.** La conservación

**i.** El cuidado

**j.** La protección

**k.** El incendio

**l.** Las inundaciones

**1.3** Piensa en tu país, tu región, tu ciudad... y toma notas sobre el sentimiento ecológico que tiene la gente y sobre los espacios naturales que ofrece. ¿En qué estado están? ¿El gobierno se ocupa de ellos? Y tú, ¿te preocupas?

**1.4** Lean estas descripciones y relaciónenlas con su símbolo correspondiente. ¿Existen estos símbolos en sus países? ¿Significan lo mismo?

a.

b.

c.

**•••➤ 1.** Esta ilustración invita al consumidor a ser cívico y dejar el envase o residuo en un sitio adecuado para ello, como papeleras, contenedores, etc. Lo encontrarás en casi todos los productos con el fin de responsabilizar al consumidor.

**•••➤ 2.** En este logo, basado en el símbolo de Möbius, cada flecha representa uno de los pasos del proceso de reciclaje: recogida, el proceso mismo del reciclaje y la compra de los productos reciclados, de manera que el sistema continúa una y otra vez, como en un círculo.

**•••➤ 3.** El envase que lleva este icono garantiza que, al convertirse en residuo, este envase se reciclará mediante el Sistema Integrado de Gestión de Residuos de Envases (SIG). Lo encontramos en envases de plástico, metálicos, Tetrabrick, cartón, papel, vidrio…

**1.5** 🎧 **1** Escucha este fragmento de un documental de televisión y ponle un título.

Mi título: .........................................................................................................................................................................

**1.6** 🎧 **1** Vuelve a escuchar y, después, contesta a estas preguntas con una frase para resumir las ideas principales del texto.

**a.** ¿Qué podemos reciclar? ................................................................................................................................................

**b.** ¿En qué consiste el reciclaje? .....................................................................................................................................

**c.** ¿Qué conseguiremos si reciclamos? .........................................................................................................................

**1.7** Piensen de qué están hechas estas cosas y elijan el lugar adecuado para cada una de ellas.

caja de leche • frascos de perfume • latas de bebidas • botellas de aceite • revistas • envases de yogur • plancha • bolsas de papel • botellas de vino • celular • baterías • caja de galletas • frascos de mermelada • cristales de ventana • bote de champú

Punto Limpio

## LA POLÍTICA (Textbook p. 47)

**1.8** ¿Qué palabras relacionadas con la política conoces? Luego, compáralas con las que anotó tu compañero.

política

**1.9** Unan cada palabra relacionada con la política con su definición.

**1.** Elecciones

**2.** Referéndum

**3.** Dictadura

**4.** Gobierno

**5.** Partido

**6.** Rebelión

**7.** Voto

**8.** Elector

**a.** El que puede ejercer el derecho a votar.

**b.** Conjunto de personas que dirigen un Estado.

**c.** Consulta que se hace a los electores sobre una cuestión política.

**d.** Proceso que sirve para elegir a los representantes políticos.

**e.** Conjunto de personas que defienden una misma causa.

**f.** Elección de un candidato.

**g.** Forma de gobierno en donde el poder lo tiene una sola persona no elegida democráticamente.

**h.** Levantamiento público y con cierta hostilidad contra el Estado, con el objetivo de derrocarlo.

**1.10** Completa las siguientes frases con una palabra del ejercicio 1.9.

**a.** Las ........................... en mi país son cada cuatro años.

**b.** Cada ........................... puede votar una única vez en cada votación.

**c.** En este país hay dos grandes ........................... políticos: uno conservador y otro progresista.

**d.** El presidente de este país fue derrotado después de una ............................

**e.** En los países donde hay una ..........................., la libertad de expresión es muy limitada.

**f.** El ........................... decidió legalizar el uso de este producto por ley.

**g.** Si vives fuera de tu país cuando hay elecciones, puedes usar el ........................... por correo.

**h.** En algunas ciudades del norte de Europa es normal hacer un ........................... para decidir sobre temas importantes para los ciudadanos.

**1.11** Escribe cinco frases incluyendo en cada una de ellas, al menos, una palabra del ejercicio anterior.

........................................................................................................................................

........................................................................................................................................

# B. AMPLIACIÓN DE VOCABULARIO

## ARGUMENTAR SOBRE EL MEDIOAMBIENTE

**1.12** Vas a leer un artículo sobre la contaminación acústica, pero las frases están mezcladas y desordenadas. Antes, clasifica las palabras que ayudan a organizar el artículo según su función.

> Pero • Por último • En definitiva • En primer lugar • Además • En segundo/tercer lugar • Ya que
> Por otra parte • Respecto a • Asimismo • Porque • Para empezar • Puesto que • Para terminar
> En cuanto a • Por una parte • Sin embargo

**1.** Para introducir la enumeración de ideas:
Por otra parte,

**2.** Para continuar con la siguiente idea o añadir información:

**3.** Para un nuevo argumento o idea:

**4.** Para expresar causa:

**5.** Para introducir una idea que se opone o contrasta con lo que decimos antes:

**6.** Para concluir, finalizar:

**1.13** Ahora, encuentra el orden del texto ayudándote de las palabras de enlace y de la puntuación.

**a.** ⬜ Respecto a la lucha contra el ruido desgraciadamente es difícil,

**b.** ① El ruido está considerado como la principal resonancia ambiental de la vida moderna.

**c.** ⬜ Por otra parte, parece ser que las otras resonancias ambientales tienden más bien a disminuir,

**d.** ⬜ Por una parte, algunos especialistas afirman que más de 8 millones de personas en el Distrito Federal están expuestas a más de 65 decibelios,

**e.** ⬜ sin embargo, y por el contrario, el ruido está aumentando en todos los sitios.

**f.** ⬜ ya que sus fuentes son múltiples y aumentan sin cesar;

**g.** ⬜ y que, además, un 30% más de personas estará expuesto a un nivel sonoro inaceptable en el año 2015.

**h.** ⬜ En definitiva, para muchos ciudadanos en la mayoría de los países industrializados el ruido representa un enemigo demasiado cercano.

**i.** ⬜ además, la protección contra el ruido es igualmente difícil puesto que es costosa.

**j.** ⬜ Asimismo, afirman que 65 decibelios es el límite a partir del cual comienzan las perturbaciones fisiológicas, particularmente la del sueño.

## 1. EL FUTURO IMPERFECTO (Textbook p. 48)

- El **futuro imperfecto** (*future*) **regular** se forma en español con el infinitivo del verbo y estas terminaciones:

| | ESTUDIAR | APRENDER | VIVIR |
|---|---|---|---|
| Yo | estudiar**é** | aprender**é** | vivir**é** |
| Tú | estudiar**ás** | aprender**ás** | vivir**ás** |
| Él/ella/usted | estudiar**á** | aprender**á** | vivir**á** |
| Nosotros/as | estudiar**emos** | aprender**emos** | vivir**emos** |
| Vosotros/as | estudiar**éis** | aprender**éis** | vivir**éis** |
| Ellos/ellas/ustedes | estudiar**án** | aprender**án** | vivir**án** |

- Este tiempo se utiliza para **hablar de acciones y hechos que se realizan en el futuro**:
  – *Mañana comenzaré a trabajar.*

- También se puede usar para **expresar hipótesis** sobre el presente:
  – *No sé dónde estará Marta.*

- Para expresar futuro podemos utilizar estas **expresiones temporales**:
  – *esta tarde/noche/semana*
  – *este mes/año*
  – *desde mañana*
  – *a partir de mañana*
  – *la semana/el mes/el año que viene*
  – *dentro de* + cantidad de tiempo

**1.14** **Para el Día Internacional del Medioambiente, en Twitter se creó una etiqueta titulada #consumoresponsable. Completa estos tuits con el futuro imperfecto y relaciónalos con las imágenes.**

a. ☐ Si consumes frutas y verduras orgánicas, ........................... (mejorar) tu alimentación y ........................... (ayudar) a mejorar el medioambiente.

b. ☐ ¿Qué impacto medioambiental ........................... (causar) el producto que estás comprando? Por ejemplo, si se trata de un electrodoméstico, ¿cuánta energía ........................... (gastar)?

c. ☐ Conocer el origen de los productos y de las condiciones en que se elaboran nos ........................... (ayudar) a consumir con responsabilidad.

d. ☐ Si reflexionas sobre los recursos naturales, ........................... (darse cuenta, tú) de que no son infinitos. Solo piensa cuánto se tarda en cortar un árbol y cuánto ........................... (tardar) en crecer.

**1.15** **Busca en esta sopa de letras los verbos irregulares del futuro imperfecto que aparecen a la izquierda. Escribe al lado de cada infinitivo su forma correspondiente.**

a. Haber: ................................................

b. Caber: ................................................

c. Tener: ................................................

d. Salir: ................................................

e. Poder: _podréis_ ................................

f. Querer: ..............................................

g. Valer: ................................................

h. Decir: ................................................

i. Saber: ................................................

j. Poder: ................................................

k. Venir: ................................................

l. Hacer: ................................................

| A | E | T | S | O | M | E | R | D | N | O | P | P |
|---|---|---|---|---|---|---|---|---|---|---|---|---|
| R | R | Y | P | S | S | W | I | C | R | Z | T | I |
| T | S | S | O | E | X | S | H | A | R | É | I | |
| S | A | L | D | R | É | I | S | E | T | T | O | |
| U | B | C | R | T | C | D | T | F | V | B | U | |
| I | R | V | É | H | F | R | P | H | Q | S | S | |
| S | Á | U | I | I | V | T | C | A | B | R | Á | |
| O | N | P | S | L | G | G | W | B | M | I | R | |
| M | S | Q | Ñ | P | B | É | S | R | N | C | R | |
| E | A | A | L | Ñ | R | H | Z | Á | O | R | E | |
| R | Z | Z | A | I | N | U | Q | E | P | K | U | |
| D | V | W | D | R | J | J | B | X | E | L | Q | |
| N | M | Á | R | D | L | A | V | I | D | B | Q | |
| E | E | C | V | E | N | D | R | É | I | S | U | |
| T | J | N | K | H | Q | X | S | P | O | E | Ñ | |

**1.16** **Ahora, clasifica las formas irregulares del ejercicio 1.15 en este cuadro.**

### EL FUTURO IRREGULAR

- En futuro imperfecto solo hay doce verbos irregulares (y sus compuestos). Sus formas se pueden dividir en tres grupos:

| Pierden vocal –e | Pierden vocal y aparece una –d | Otros |
|---|---|---|
| Caber ➡ [ ] | Tener ➡ [ ] | Decir ➡ [ ] |
| Poder ➡ [ ] | Venir ➡ [ ] | Hacer ➡ [ ] |
| Saber ➡ [ ] | Salir ➡ [ ] | |
| Querer ➡ [ ] | Valer ➡ [ ] | |
| Haber ➡ [ ] | Poner ➡ [ ] | |

Agrupar los verbos por irregularidades te permite recordar y memorizar mejor las formas.

## C. GRAMÁTICA

**1.17 En este correo electrónico un amigo le cuenta a otro lo que leyó en Twitter. Complétalo con las formas correspondientes de futuro imperfecto.**

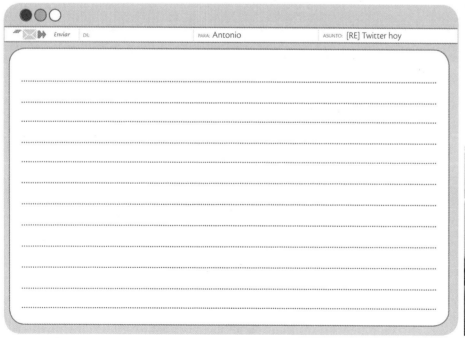

Enviar DE: Antonio PARA: Carlos ASUNTO: Twitter hoy

¿Qué tal, Carlos?

¿Ya has entrado en Twitter hoy? Hay muchos comentarios en #consumo responsable y, después de leerlos, me he propuesto que yo, a partir de mañana, (a) .......................... (comprar) frutas y verduras orgánicas e (b) ...................... (intentar) no comprar cosas que no necesito. Antes no miraba las etiquetas, pero ahora (c) .......................... (hacer) un esfuerzo. Y para ir al supermercado (d) .......................... (escribir) una lista para comprar solamente lo que necesito. También he pensado que le (e) .......................... (regalar) una lavadora nueva de bajo consumo a mi madre y le (f) .......................... (decir) que hay que cambiar los focos de la casa por los de bajo consumo para ahorrar energía. Creo que estos comentarios me hicieron reflexionar sobre lo que consumo. Ahora veo el futuro un poco menos negro.

(g) .......................... (Haber) que hacer algo por nuestro futuro, ¿no? Creo que el esfuerzo (h) .......................... (valer) la pena. ¿Y tú? ¿Qué vas a hacer? ¿Has pensado en este tema?

Antonio

**1.18 Ahora responde al correo con tus propuestas.**

Enviar DE: PARA: Antonio ASUNTO: [RE] Twitter hoy

..........................................................................................................................................

..........................................................................................................................................

..........................................................................................................................................

..........................................................................................................................................

..........................................................................................................................................

..........................................................................................................................................

..........................................................................................................................................

..........................................................................................................................................

..........................................................................................................................................

..........................................................................................................................................

..........................................................................................................................................

..........................................................................................................................................

**1.19** 🎧 **2** Marta tiene un jefe misterioso. Nunca lo ha visto y siente mucha curiosidad. A partir de los datos que le da a su amiga Rosa, esta reconstruye un posible retrato del personaje. Primero, escucha a Marta y anota la información.

**1.20** Con la información que tienes, haz conjeturas sobre la personalidad del jefe misterioso y descríbelo usando el futuro imperfecto.

**1.21** 🎧 **3** Escucha la descripción que hace Rosa y anota todas las expresiones de probabilidad que acompañan a los futuros. Hay siete.

a. ............................................................  e. ............................................................

b. ............................................................  f. ............................................................

c. ............................................................  g. ............................................................

d. ............................................................

**1.22** Escribe frases explicando tus posibles planes para estas fechas importantes. Recuerda usar las expresiones de probabilidad y el futuro, como aprendiste.

──────────── ¿Qué vas a hacer? ────────────

El día de tu cumpleaños • Cuando termines tu curso de español • En Navidad
En Año Nuevo • Las próximas vacaciones • Este fin de semana

a. ............................................  d. ............................................

b. ............................................  e. ............................................

c. ............................................  f. ............................................

**Fíjate:** Si no estás seguro/a, usa el futuro imperfecto acompañado de *supongo que, seguramente, me imagino que, probablemente,...*

## 2. SI + PRESENTE + FUTURO (Textbook p. 49)

**1.23** **Lee el texto de este anuncio. Di si las afirmaciones son verdaderas (V) o falsas (F) y justifica tu respuesta.**

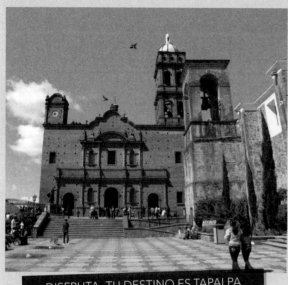

### SI TE GUSTA DISFRUTAR DE LA NATURALEZA, ENCONTRARÁS UN SINFÍN DE ACTIVIDADES AL AIRE LIBRE

Si te vuelve loco escalar montañas y mirar desde las alturas, en Tapalpa tendrás muchos momentos de locura. Si te gusta practicar deportes extremos, aquí encontrarás desde alpinismo hasta vuelo en parapente.

Si quieres olvidarte de todo y disfrutar del bosque y su hábitat, verás bella flora y diversa fauna. Si disfrutas de los platillos preparados con borrego y los dulces típicos, estarás en el lugar ideal.

Si buscas lugares románticos, estarás en uno de los mejores, ya que encontrarás las más cálidas cabañas de todas las categorías donde podrás hospedarte.

Todo en Tapalpa invita al disfrute. Artesanías, fiestas y gastronomía integran un mosaico que te atrae siempre al regreso.

DISFRUTA. TU DESTINO ES TAPALPA

|  | V | F |
|---|---|---|
| **a.** Tapalpa es un buen lugar para disfrutar de las alturas. | ☐ | ☐ |
| **b.** Si te gusta el deporte extremo, Tapalpa no es tu destino. | ☐ | ☐ |
| **c.** Tapalpa es un pueblo con mucho estrés. | ☐ | ☐ |
| **d.** En Tapalpa solo hay cabañas lujosas. | ☐ | ☐ |
| **e.** En este pueblo puedes comer rico, hacer deporte, comprar artesanías y estar en contacto con la naturaleza. | ☐ | ☐ |

**1.24** **Ahora, escribe un anuncio pero con tu país, tu región o tu ciudad. Respeta lo que está ya escrito.**

**SI TE GUSTA** ......................................................................
**ENCONTRARÁS** ......................................................................

Si ......................................................................, encontrarás ......................................................................

Si buscas ......................................................................, ......................................................................

Si te vuelve loco ......................................................................, ......................................................................

y conocerás ......................................................................

¡Ven a ......................................................................!

¡Será ......................................................................!

## D. DESTREZAS

### LECTURA

■ **Antes de leer**

**1.25** ¿Cómo imaginas el mundo en el año 3000? Escribe cinco frases sobre qué cosas crees que cambiarán en el futuro en nuestra sociedad.

a. ....................................................................................     d. ....................................................................................

b. ....................................................................................     e. ....................................................................................

c. ....................................................................................

■ **Leer**

### ESTRATEGIA DE LECTURA: LEER VARIAS VECES

En una primera lectura, muchas veces no comprendes todo el texto. La mejor forma de leer es hacer una primera lectura rápida del texto, subrayando las palabras que no entiendas y hacerse una idea general del tema. Después de esta lectura, es conveniente hacer una segunda para asegurarse la comprensión y buscar la información necesaria para hacer la actividad.

**1.26** Matt Groening es el creador de algunas de las series de dibujos animados más conocidas, como Los Simpson o Futurama. Lee este texto siguiendo la anterior estrategia.

#### FUTURAMA

•••▶ ¿Y cómo será el mundo del año 3000? ¿Será un mundo perfecto como muestran algunas películas? ¿Habrá una galaxia en guerra?

El futuro según Groening no será muy distinto a la actualidad. El centro de la sociedad seguirá siendo la televisión, con sus series de siempre y todo lo que ya sabemos de ella. La tecnología avanzará muchísimo. Habrá grandes avances en medicina, transporte e ingeniería de todo tipo. Las ciudades estarán compuestas por enormes edificios futuristas de todo tipo y todo aspecto, los carros no solo volarán, sino que podrán realizar viajes espaciales. Sin embargo, el tráfico seguirá siendo una pesadilla en las grandes ciudades.

También habitantes de otros planetas y especies extrañas hace tiempo que se instalarán en la Tierra y que se integrarán plenamente en la sociedad. Además, en este futuro, no habrá que preocuparse por el trabajo; a cada persona se le asignará el trabajo que desempeñará el resto de su vida.

Los robots ya se convertirán en miembros totalmente activos de la sociedad, ellos serán la principal mano de obra y tendrán independencia y los mismos derechos y privilegios que los humanos (excepto en determinados ámbitos). Habrá planetas habitados enteramente por robots. Los robots usarán el alcohol como fuente de energía química para cargar sus células de energía.

Las astronaves realizarán viajes intergalácticos en cuestión de horas. El transporte espacial estará muy difundido porque anteriormente los gobiernos construirán "autopistas" espaciales de tráfico. La seguridad de estos viajes espaciales será un problema, ya que cualquier nave de transporte podrá ser atacada en cualquier momento por misteriosas criaturas espaciales o por naves de grupos delictivos como piratas o la mismísima Robo-Mafia. Por eso, algunas naves irán armadas con cañones de autodefensa y dispondrán de gran velocidad y maniobrabilidad para tratar de escapar de sus enemigos. Las naves en principio estarán todas equipadas con piloto automático y podrán despegar y aterrizar por sí mismas. Sin embargo, continuarán siendo pilotadas por tripulantes humanos y no humanos.

# D. DESTREZAS

■ Después de leer

**1.27** **Contesta a las siguientes preguntas según el texto.**

   **a.** ¿Qué avances científicos habrá en el futuro?

   **b.** ¿Cómo serán las ciudades?

   **c.** ¿Cómo será la vida más allá de la Tierra?

   **d.** ¿Cómo se desplazarán las personas?

## ESCRITURA

■ Antes de escribir

**1.28** **Vas a escribir un texto donde hablas sobre lo que hay que hacer para tener un mundo más sostenible. Anota las ideas que crees importante comentar.**

> **ESTRATEGIA DE ESCRITURA: PREPARAR UN GUION**
>
> Cuando escribes un texto, debes preparar un guion para asegurarte de incluir toda la información que consideres importante. Después, revisa tu unidad del libro para comprobar que has usado correctamente el vocabulario y las expresiones de ese tema.

■ Escribir

**1.29** **Escribe un breve texto de 70-80 palabras donde expliques cuáles son tus proyectos para los próximos meses y contribuir a hacer del mundo un lugar más sostenible.**

En él debes:

- usar el futuro imperfecto y expresiones temporales de futuro;
- usar el léxico relacionado con el reciclaje y el medioambiente;
- hacer promesas.

........................................................................................................................................

........................................................................................................................................

........................................................................................................................................

........................................................................................................................................

........................................................................................................................................

■ Después de escribir

**1.30** **Revisa los siguientes aspectos de tu correo escrito:**

- Ortografía: las tildes.
- Precisión gramatical: el tiempo del futuro que utilizas para hacer promesas.
- Corrección del vocabulario utilizado.

## DISCURSO

**1.31** Debes hablar durante tres minutos sobre dónde crees que están las personas de las imágenes.

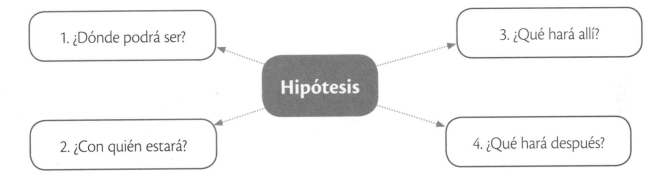

1. ¿Dónde podrá ser?

3. ¿Qué hará allí?

**Hipótesis**

2. ¿Con quién estará?

4. ¿Qué hará después?

## FONÉTICA Y ORTOGRAFÍA

■ La acentuación

**1.32** 🎧 **4** Escribe las palabras que oigas. No olvides poner la tilde.

a. .....................    e. .....................    i. .....................    m. .....................    p. .....................

b. .....................    f. .....................    j. .....................    n. .....................    q. .....................

c. .....................    g. .....................    k. .....................    ñ. .....................    r. .....................

d. .....................    h. .....................    l. .....................    o. .....................    s. .....................

**1.33** Clasifica las palabras anteriores según sean agudas (A), llanas (L) o esdrújulas (E).

# E. CULTURA

## PROTEJAMOS AMÉRICA LATINA

**1.34** **Lee y piensa sobre las preguntas que te hacemos a continuación.**

- ¿Te interesan los viajes donde estás en contacto con la naturaleza?
- ¿Hay alguna especie animal o vegetal que te gustaría conocer?
- ¿Conoces algún parque o reserva natural de tu país?
- ¿Conoces algo de la flora y fauna de México?

**1.35** **En un minuto, escribe todas las ideas que relaciones con la siguiente frase.**

La vida también debe moverse si quiere sobrevivir

**1.36** **Vas a leer un texto sobre el *Santuario de la Mariposa Monarca*, uno de los grandes misterios de la naturaleza que tiene lugar en México. La mariposa monarca es un patrimonio universal y es una responsabilidad de los mexicanos su conservación. Completa el texto con las siguientes frases.**

La llegada de las monarcas tiene además un significado místico

y cambios en la temperatura del aire

que revolotean sin cesar por todo el bosque

que sirven de refugio a millones y millones de estas increíbles mariposas

se requiere permiso previo para visitar el Santuario

Solo una de cada cinco sobrevive al peligro de una migración tan larga

➡ En un planeta en constante movimiento, que sufre la implacable sucesión de las estaciones (a) ............................., la vida también debe moverse si quiere sobrevivir.

En los alrededores de la Ciudad de Morelia, estado de Michoacán (México), se localiza el famoso Santuario de la Mariposa Monarca, declarado en el año 2008 "Patrimonio Natural de la Humanidad" por la Unesco. El lugar está cubierto de bosques (b) ............................. que alcanzaron fama internacional, debido a que la especie recorre anualmente más de 4000 km desde Canadá y Estados Unidos hasta el centro de México, realizando un recorrido de más de 25 días.

Al terminar el verano, los días se hacen más cortos y disminuye la temperatura. La falta de control de la temperatura interna y la escasez de alimentos por el frío invierno, la obligan a desplazarse hacia latitudes más cálidas. Casi cinco mil millones de mariposas viajan al sur, a México. (c) ............................. Pero son tantas que cien millones consiguen terminar el viaje para pasar el invierno en el bosque que les garantizará la supervivencia hasta la llegada de la primavera. Cómo algo tan frágil y pequeño es capaz de atravesar todo un continente para llegar a un lugar donde nunca ha estado sigue siendo uno de los misterios de la Naturaleza.

Cada año, entre octubre y marzo, millones de mariposas monarca encuentran en los bosques mexicanos, las condiciones ideales para desarrollarse y aparearse. (d) ............................. Es la fiesta mexicana del Día de Muertos. Los campesinos acuden a los cementerios con incienso y velas para dar la bienvenida a las almas de sus seres queridos. Cómo la llegada de las monarcas coincide con el Día de Muertos, muchos lugareños creen que los espíritus de sus seres queridos vuelven a casa en las alas de las mariposas. Pasan el invierno en los bosques de Michoacán y

# E. CULTURA

Estado de México en colonias que tapizan el verde de pinos y abetos con una capa de alas naranjas (e) ..........................., es una experiencia natural que atrae cada año cientos de visitantes entre los meses de octubre y marzo cuando es posible observarlas. Estos retiros de invierno son hoy reservas protegidas.

Los dos principales santuarios de la Mariposa Monarca en el Estado de Michoacán son el de Sierra Chincua y El Rosario, en ambos se pueden realizar paseos a pie y a caballo entre los bosques, siempre respetando las normas medioambientales para no interferir con la reproducción de la especie. El Rosario, que se localiza en el Municipio de Ocampo, en el Estado de Michoacán, se caracteriza por ser el único con andador turístico. La reserva de Sierra Chincua está constituida primordialmente por densos bosques de oyamel o abeto, que son el hogar de las mariposas y donde completan su ciclo de vida en la estación invernal. Por ser una reserva ecológica (f) ...........................................................

A mediados de febrero, cuando la temperatura aumenta y los días se hacen más largos, las mariposas empiezan a aparearse y buscan flores para extraer el néctar, pues hace falta acumular energía para el regreso. Con la llegada de la primavera, inician la migración hacia el norte. Las hembras lideran el gran éxodo, llevando a Norteamérica además de los huevos fertilizados, el secreto de cómo una distante generación futura volverá a encontrar su refugio invernal. Completando así uno de los viajes más misteriosos y bellos de la Tierra. De esta forma podrán completar la migración de insectos más larga del planeta.

**1.37** **Lee la siguiente información y di a qué párrafo del texto pertenece.**

**a.** .................... Se piensa que los espíritus de los familiares difuntos llegan en las alas de las mariposas.

**b.** .................... Declarado "Patrimonio Natural de la Humanidad" por la Unesco.

**c.** .................... En primavera emprenden de nuevo su viaje al norte, completando su misterioso ciclo de la vida.

**d.** .................... La supervivencia de muchas especies se da gracias a las migraciones.

**e.** .................... Los santuarios se encuentran en reservas protegidas.

**f.** .................... La temperatura interna y la escasez de alimento obligan a las mariposas monarcas a desplazarse a zonas más cálidas.

**1.38** 🎧 **5** **¿Qué animales están en peligro de extinción en tu país? A continuación te presentamos diferentes animales de Latinoamérica que se encuentran en peligro de extinción. Escucha la siguiente audición y completa el cuadro.**

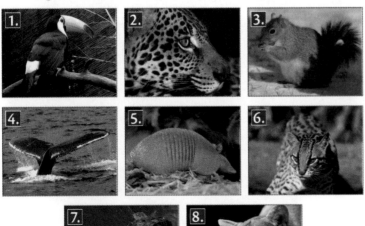

| Animal en peligro | Lugar donde vive | Causa |
|---|---|---|
| **1.** | | |
| **2.** | | |
| **3.** | | |
| **4.** | | |
| **5.** | | |
| **6.** | | |
| **7.** | | |
| **8.** | | |

# COSAS DE CASA

## A. VOCABULARIO

### LAS TAREAS DOMÉSTICAS (Textbook pp. 68-69)

**2.1** Observa todas las palabras y expresiones que hay a continuación sobre la casa y las tareas domésticas. Clasifícalas en el siguiente cuadro.

cajón • bolsa de cuidado personal • cesto de la ropa sucia • pasar la aspiradora • poner la lavadora
cómoda • plancha • cuartito de servicio • control remoto • sacar la basura • planchar
sacar al perro • regar las plantas • toalla • sábanas • quitar el polvo • rastrillo • ir al súper • tijeras
gancho • horno • sóquet • tender la ropa • poner la mesa • cafetera • papel higiénico
peine • hacer la cama • lavar • trastes • sartén

| Tareas domésticas | Aseo | Cocina | Recámara | Aparatos y otros |
|---|---|---|---|---|
| | | | | |
| | | | | |

**2.2** Observa la imagen que acompaña al texto. ¿Dónde están estas personas? ¿Qué están haciendo? ¿De qué crees que va a tratar el texto? Coméntalo con tus compañeros. Luego, lean el texto para comprobar sus hipótesis.

#### RESPONSABILIDADES DEL HOGAR

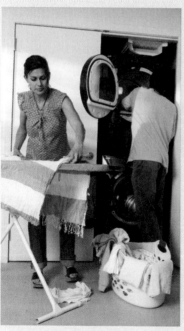

••▶ Organizar un hogar y una familia no es tan fácil como se podría creer. Las tareas que se han hecho ya y las que todavía no, y quién hizo qué y quién no, puede ser confuso y frustrante para la persona responsable. Por eso, organízate para distribuir las tareas y que todos los miembros de la casa colaboren cada día.

1. Haz un cuadro de tareas de tres columnas. En la primera, enumera todas las tareas del hogar. Pon, en primer lugar, las que necesitan ser realizadas todos los días, como (a) **pasear al perro** por las mañanas, y, a continuación, las tareas semanales, como (b) **barrer**, por ejemplo.

2. Piensa cuánto tiempo necesita cada tarea y define un tiempo medio para cada una, escribiéndolo al lado, en la segunda columna. Esto ayudará a distribuir las tareas de forma justa.

3. Escribe en la tercera columna los nombres o iniciales de las personas de la casa que crees que pueden hacer cada tarea. Asigna tareas de acuerdo con la edad, para que no sean demasiado difíciles para la persona que las realizará. Considera también otros factores. Por ejemplo, si una persona se va temprano a la escuela por la mañana, probablemente no podrá (c) **lavar los platos** del desayuno.

4. Asigna a cada persona una o dos tareas diarias y una o dos semanales. Por ejemplo, una persona puede ser responsable de (d) **poner el lavavajillas** y (e) **pasar la aspiradora**, mientras que otra persona es responsable de (f) **limpiar el polvo** y (g) **tender la ropa**.

5. Planifica un horario rotativo y así nadie tendrá siempre los peores trabajos, como (h) **limpiar el baño** o (i) **planchar**.

Adaptado de: http://www.ehowenespanol.com/distribuir-tareas-del-hogar-semana-como_206328/

**2.3** Lee de nuevo el texto y relaciona las imágenes con las expresiones en negrita de la actividad 2.2.

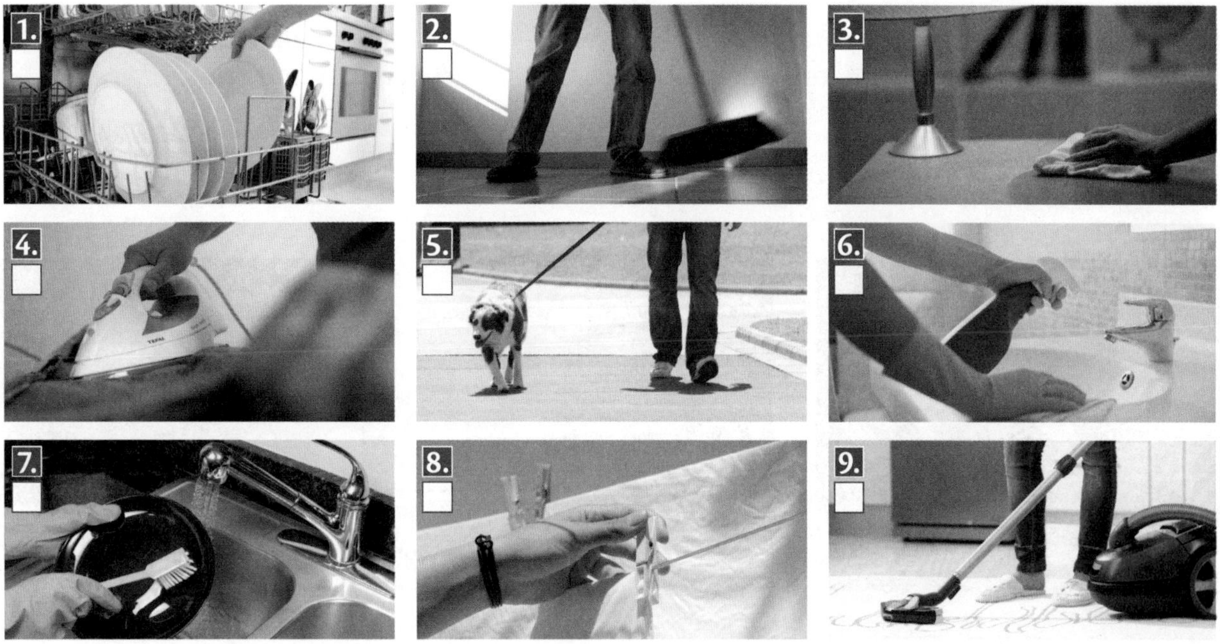

**2.4** Con tu compañero, contesten verdadero (V) o falso (F) y justifiquen sus respuestas con el texto.

|  | V | F |
|---|---|---|
| **a.** La organización de las tareas en un hogar es una labor complicada. | ◯ | ◯ |
| **b.** Es necesario organizarse por horas. | ◯ | ◯ |
| **c.** Hay que separar las tareas diarias de las semanales. | ◯ | ◯ |
| **d.** La distribución de las tareas se hace en función del tiempo que se tarde. | ◯ | ◯ |
| **e.** Cada tarea se asigna a cada miembro por sorteo. | ◯ | ◯ |
| **f.** La organización de las tareas debe ser siempre la misma. | ◯ | ◯ |

**2.5** Aquí te presentamos una lista con las tareas de la casa. Selecciona las cinco que crees que no le gustan a tu compañero. ¿Has acertado?

- ◯ lavar los platos
- ◯ planchar
- ◯ tender la ropa
- ◯ limpiar el suelo/el polvo/los cristales/el baño
- ◯ poner/quitar la mesa
- ◯ hacer la cama
- ◯ ordenar/recoger
- ◯ poner la lavadora/el lavavajillas
- ◯ pasar la aspiradora
- ◯ sacar la basura
- ◯ ir a la compra
- ◯ cocinar

**2.6** ¿Crees que las tareas de la casa se comparten entre hombres y mujeres en los hogares hispanos? ¿Cómo es en tu país? Lee esta noticia y habla con tus compañeros.

ESPAÑA SUSPENDE EN EL REPARTO DE TAREAS DOMÉSTICAS

Un estudio elaborado por *Parship.es* señala que solo el 17 % de los encuestados afirma compartir el trabajo doméstico con su pareja, con la responsabilidad dividida al 50 % entre ambos.

Adaptado de http://www.mujerhoy.com

# A. VOCABULARIO

## LOS DEPORTES (Textbook pp. 70-71)

**2.7** En las siguientes imágenes aparecen tres deportes. Completen el esquema léxico con las palabras que aparecen a continuación, relacionándolas con su deporte correspondiente.

- falta personal
- portería
- raqueta

- pista
- cancha
- saque

- rebote
- campo
- penalti

- canasta
- red
- delantero

..........................................  ..........................................  ..........................................

..........................................  ..........................................  ..........................................

..........................................  ..........................................  ..........................................

**2.8** Piensen en otros tres deportes y en cuatro palabras relacionadas con ellos (doce palabras en total), como en la actividad anterior. Pueden usar el diccionario. Pasen su actividad a la pareja de al lado. ¿Quién pudo colocar las palabras correctamente? ¿Quién lo hizo más rápido?

> **Fíjate:** Si asocias las palabras en esquemas léxicos, podrás recordarlas más fácilmente.

**2.9** Une las siguientes expresiones relacionadas con las aspiraciones que pueden tener algunos deportistas.

1. Llegar
2. Subir
3. Batir
4. Ganar
5. Clasificarse

a. el/la primero/a a la meta.
b. para la final.
c. la medalla de oro.
d. un récord.
e. al podio.

Quiero batir un récord.

**2.10** Usa las expresiones del ejercicio anterior para escribir una frase referida a cada uno de los siguientes deportes.

Atletismo ..........................................

Ciclismo ..........................................

Karate ..........................................

Básquetbol ..........................................

Natación sincronizada ..........................................

Futbol ..........................................

## LOS DEPORTES

**2.11** **Lee la información y ordena la entrevista relacionando las preguntas con sus respuestas correspondientes.**

La natación sincronizada es una disciplina que combina natación, gimnasia y danza. El equipo nacional español de Natación Sincronizada es uno de los equipos del deporte español más galardonados internacionalmente. Hemos entrevistado a una de sus integrantes, Marga Crespí, subcampeona europea, medalla de plata.

**1.** Hola, Marga. Me gustaría saber cuándo empezaste a practicar la natación sincronizada y si te fue difícil acceder al equipo nacional.

**2.** Supongo que para dedicarse al deporte de élite, una chica de tu edad tiene que renunciar a algunas cosas, ¿qué fue lo más difícil?

**3.** ¿Cuántas horas entrena una nadadora de sincronizada? ¿Y cuál es la rutina de los entrenamientos?

**4.** ¿Cuál ha sido el momento más emocionante como nadadora de sincronizada?

**5.** ¿Crees que este deporte está poco valorado?

**6.** Pero tiene poca repercusión en los medios. ¿Por qué crees que ocurre esto?

**a.** Yo, por el momento, no tengo de qué quejarme… Justo **acabo de empezar** a tener resultados y creo que los medios de comunicación, desde el momento en que llegué, se han portado muy bien conmigo.

**b.** Pues creo que lo más difícil fue dejar la vida que tenía con dieciséis años… Todo deporte de élite es sacrificado: siempre dependemos de los entrenamientos… Por ejemplo, ahora, en época de competición, yo no **voy a ver** a mi familia durante meses.

**c.** Porque la natación sincronizada es un deporte minoritario. También porque al año tenemos muy pocas competiciones…

**d.** El más emocionante fue subir al podio de un mundial ganando la medalla de oro, fue una experiencia muy grande.

**e.** En el Centro de Alto Rendimiento entrenamos unas ocho horas al día. Empezamos a las nueve de la mañana, hacemos flexibilidad o gimnasia antes de ir al agua, y por las tardes **volvemos a hacer** agua y practicamos la coreografía.

**f.** ¡Hola! Pues **empecé a practicar** con seis añitos. Entré en el equipo nacional gracias al esfuerzo de mi entrenadora. No es fácil entrar y, además, **tienes que estar** dispuesta a sacrificar muchas cosas por la natación.

**2.12** **Vuelve a leer las respuestas de la entrevista y fíjate en las palabras marcadas en negrita para completar el siguiente cuadro.**

- La **perífrasis verbal** está formada por dos verbos: uno conjugado (número, persona, tiempo, modo) y otro en infinitivo que aporta el significado principal. Expresan:

  – Acción futura: ........................ + infinitivo.  – Comienzo: ........................ + infinitivo.
  – Repetición: ........................ + infinitivo.  – Obligación: ........................ + infinitivo.
  – Fin: ........................ + infinitivo.

**2.13** **Escribe algunas frases en las que hables de las diferentes actividades deportivas que has hecho o que te gustaría hacer, utilizando las perífrasis que acabas de estudiar.**

## 1. EL IMPERATIVO AFIRMATIVO (Textbook pp. 72-73)

**2.14** Anthony es un estudiante extranjero que llegó a Guadalajara para estudiar español. Vive con una familia, los Ojeda, pero todavía no tiene confianza con ellos y pide permiso para todo. Relaciona sus peticiones con las respuestas que le dan.

1. Necesito darme un baño, ¿les molesta?

5. Tengo que mandar un e-mail, ¿es posible?

2. ¿Me permiten llamar un momento a mis padres?

6. Estoy muy cansado del viaje, ¿podría acostarme un rato?

3. ¿Podría cargar la batería del celular?

7. Tengo mucha sed, ¿puedo tomar un vaso de agua?

4. ¿Puedo abrir la ventana?

8. Se me olvidó traer mi crema de rasurar. Benja, ¿me regalas tantita de la tuya?

a. ☐ Claro que no, usa esta toalla.
b. ☐ Sí hombre, marca primero el prefijo 00.
c. ☐ Sí, tranquilo, vete a tu recámara, te avisamos para la comida.
d. ☐ Sí, ábrela, ábrela, que hace calor.
e. ☐ Conecta el cargador ahí.

f. ☐ Por supuesto, ven a mi recámara. Ahí está la computadora.
g. ☐ Tómala, está en el mueble del baño.
h. ☐ Claro, Tony. Hay en el refri. Toma también algo para comer.

**2.15** Tony pidió permiso de diferentes maneras. Escríbanlas en el siguiente cuadro.

¿Qué modo verbal usaron los Ojeda en la actividad 2.14 para darle permiso a Tony? Márquenlo.

☐ Presente  ☐ Condicional simple  ☐ Imperativo

**2.16** Pongan todos los imperativos de 2.14 donde corresponda.

| Regulares | Irregulares |
| --- | --- |
|  |  |

## EL IMPERATIVO

- El **imperativo afirmativo** se forma a partir del infinitivo añadiendo las siguientes terminaciones.

|  | PAS**AR** | LE**ER** | ABR**IR** |
|---|---|---|---|
| Tú | pas**a** | le**e** | abr**e** |
| Usted | pas**e** | le**a** | abr**a** |
| Vosotros/as | pas**ad** | le**ed** | abr**id** |
| Ustedes | pas**en** | le**an** | abr**an** |

- En el imperativo afirmativo los **pronombres** siempre van después del verbo y forman una sola palabra: *rellénela, siéntese, dímelo…*
  Con el pronombre reflexivo **os**, la *–d* desaparece: *(Vosotros) bañados* ➡ *bañaos.*

- En el Cono Sur de América, las zonas voseantes hacen la segunda persona del singular:
  – *(Vos) hablá, leé, escribí…*

- Los **verbos con irregularidad vocálica** en presente de indicativo mantienen el cambio vocálico en imperativo: *cierra, duerme, pida, juegue, huya…* Otros tienen su propia irregularidad:

|  | **IR** | **VENIR** | **SALIR** | **HACER** | **TENER** |
|---|---|---|---|---|---|
| Tú | ve | ven | sal | haz | ten |
| Usted | vaya | venga | salga | haga | tenga |
| Vosotros/as | id | venid | salid | haced | tened |
| Ustedes | vayan | vengan | salgan | hagan | tengan |

- La persona *vosotros/vosotras* no tiene formas irregulares en imperativo afirmativo.

**2.17** **Como se dice en la tabla anterior, el imperativo mantiene las irregularidades vocálicas del presente de indicativo. Ahora, clasifica los siguientes verbos según su irregularidad y conjuga la segunda persona del singular: *tú* y *usted*.**

| volver – pedir – pensar – jugar – construir – empezar – contar – vestirse – huir |
|---|

| e > ie | e > i | o > ue<br>vuelve-vuelva | u > ue | i > y |
|---|---|---|---|---|
|  |  |  |  |  |

**2.18** **A continuación tienes otros verbos irregulares; algunas irregularidades son propias para la persona *tú*. Completa este cuadro con las personas del imperativo: *tú*, *usted* y *ustedes*.**

| PONER | DECIR | SABER | SER | CONOCER | OÍR |
|---|---|---|---|---|---|
|  |  |  |  |  |  |
|  |  |  |  |  |  |
|  |  |  |  |  |  |

# C. GRAMÁTICA

**EXPANSIÓN GRAMATICAL: CONCEDER PERMISO CON EL IMPERATIVO**

- Para conceder permiso se puede utilizar el imperativo, además de las siguientes expresiones:

    – *Tómalo, tómalo.*                           – *Ay, sí, claro.*

    – *Sí, sí.*                                    – *Desde luego.*

    – *Claro que sí.*                             – *Sí, hombre, sí. Okey.*

- Para conceder permiso de una manera restringida:

    – *Sí, pero* + imperativo                     – *No, (mejor)* + imperativo

    ➤ *¿Podrías prestarme tu diccionario?*
    ▷ *Sí, pero **devuélvemelo** lo antes posible porque lo necesito.*

**2.19** **Responde afirmativamente a las siguientes peticiones, como en el ejemplo.**

**a.** ¿Nos podrías pasar la sal, por favor? ➡ ......................................................................................

**b.** Profesor, ¿puedo salir un momento? ➡ ......................................................................................

**c.** ¿Podría decirme el teléfono del señor Romero? ➡ ......................................................................................

**d.** Tengo que salir de la reunión, ¿le importa? ➡ ......................................................................................

**e.** ¿Me ayudaría usted a subir esta mesa? ➡ ......................................................................................

**f.** ¿Podrías llevarnos en tu coche a la estación? ➡ ......................................................................................

**g.** ¿Me permite tomar su paraguas? ➡ ......................................................................................

**h.** Papá, ¿podemos jugar en la calle? ➡ ......................................................................................

**2.20** **Ahora, imaginen, por un lado, que Tony quiere pedir permiso para hacer otras cosas, ¿cómo lo haría? Traten de usar estructuras o tiempos diferentes en cada caso. Por otro lado, piensen cómo responde doña Socorro a esas peticiones para concederle permiso.**

¿Puedo poner mis CD en el librero de la sala?

No, mejor ponlos en el cajón.

| | | |
|---|---|---|
| **a.** Tomarse una fotografía con los Ojeda para mandársela a sus padres. | | |
| **b.** Usar los cajones de una cómoda para guardar su ropa interior. | | |
| **c.** Mover el escritorio para ponerlo más cerca de la ventana. | | |
| **d.** Dejar la bolsa de cuidado personal en el mueble del baño. | | |
| **e.** Hacer una copia de las llaves de la casa para él. | | |

## C. GRAMÁTICA

### 2. EL IMPERATIVO NEGATIVO (Textbook pp. 74-75)

**EL IMPERATIVO NEGATIVO**

• Puedes formar el imperativo negativo con la forma del imperativo de usted (*usted tome*) y añadir *–s* para *tú* (*no tomes*), e *-is* para *vosotros/as* (*no toméis*).

| | PAS**AR** | LE**ER** | ABR**IR** |
|---|---|---|---|
| Tú | no pases | no leas | no abras |
| Usted | no pase | no lea | no abra |
| Vosotros/as | no paséis | no leáis | no abráis |
| Ustedes | no pasen | no lean | no abran |

• Se mantienen las mismas **irregularidades** que en el imperativo afirmativo de la persona usted: *no c**ie**rres, no d**ue**rmas, no p**i**das, no j**ue**gues, no hu**y**as, no **pongas**, no **salgas**…*

• En el imperativo negativo los **pronombres** siempre se ponen delante del verbo: *No **lo** abras, No **se** sienten…*

**2.21** Hoy Ana ha recibido varios mensajes de celular. En ellos aparecen imperativos, tanto en su forma afirmativa como negativa. Clasifíquenlos en las siguientes tablas.

> No saques la ropa d la lavadora. Echa l suavizante. Ah, acuérdate d q mañana es el cumpleaños d Lola. No lleves nada pra la cena.

> l sábado viene mi madre. No quedes cn nadie n l piso, porfa. Si vnes a casa, pásate x la frutería. No vayas a la panadería, ya he comprado l pan.

> Espérame n l puerta d la escuela. No te vayas. Te llevo ls apuntes.

> Hl, q tl. Ayer no t llamé. Lo siento. No te enfades conmigo. No olvides escribirme.

> Mañana salimos cnls compañeros dl apartamento. No te pongas traje, vamos a 1 discoteca. No digas nada a Lola. Sé puntual.

 Imperativos afirmativos

 Imperativos negativos

**Fíjate:** Los mensajes cortos de celulares e Internet han creado un nuevo tipo de lenguaje escrito con abreviaturas y acortamientos de palabras: *x por, d de, q que…*

**2.22** Ana siempre reacciona negativamente a todo lo que dice su compañero Roberto. ¿Cuáles crees que son las respuestas de Ana?

**a.** ¿Cierro la ventana? ⇒ .................................

**b.** ¿Voy con Paco al supermercado? ⇒ .................................

**c.** ¿Te despierto pronto mañana por la mañana? ⇒ .........

**d.** ¿Paso la aspiradora por la tarde? ⇒ .................................

**e.** ¿Lavo estos platos? ⇒ .................................

**f.** ¿Hago la cena esta noche? ⇒ .................................

**2.23** Sandra habla con su hija Julia por teléfono para ver cómo van las cosas por casa. Lee el diálogo y completa con las formas correctas del imperativo afirmativo o negativo.

> dejar • poner • olvidarse • acostarse • cerrar • portarse • preocuparse • saludar • invitar • confiar
> estar • hacer (x2) • volver • cenar • ser (x2) • divertirse • dar • escuchar

**Sandra:** ¿Cómo va todo por ahí? ¿Y tu hermano? ¿Está bien?

**Julia:** Sí, mamá, no (1) ........................ tanto, estamos bien. ¿Y papá y tú? ¿Están disfrutando?

**Sandra:** ¡Muchísimo! Este lugar es una maravilla, hicimos mil cosas, pero ya te contaré. (2) ........................, Julia, no (3) ........................ las ventanas abiertas y (4) ........................ la puerta con llave, no (5) ........................ tarde viendo la televisión y, por favor, no (6) ........................ (tú) tarde a casa.

**Julia:** Qué no mamá, que no, pero, ¿puedo invitar a Jimena a pasar la noche en casa?

**Sandra:** Okey, de acuerdo, pero no (7) ........................ tonterías. No (8) ........................ a nadie más, no (9) ........................ la música alta y no (10) ........................ porquerías. Tienen comida de sobra en la nevera.

**Julia:** Que sí, mamá. Solo vamos a ver unas películas y a hacer palomitas. ¡Tranquila!

**Sandra:** Es que les conozco. Cariño, no (11) ........................ de sacar la basura, y que tu hermano no (12) ........................ todo el día jugando a los videojuegos, y (13) ........................ (ustedes) las tareas.

**Julia:** No (14) ........................ pesada, mamá, que ya no somos niños. (15) ........................ en nosotros, no es la primera vez que nos quedamos solos.

**Sandra:** Tienes razón, lo siento, me preocupo demasiado. Bueno, (16) ........................ (ustedes) bien, (17) ........................ buenos. Muchos besos.

**Julia:** Besos, mamá, (18) ........................ le un beso a papá y (19) ........................ (ustedes) mucho allí. Adiós.

**Sandra:** Adiós, hasta el lunes. (20) ........................ a tu hermano de nuestra parte.

**2.24** 🎧 6 Escucha la siguiente audición en la que un profesor le da consejos a un estudiante para mejorar su español. Toma nota de ellos.

| Consejos afirmativos | Consejos en negativo |
|---|---|
| – Oye el radio. | – No leas lecturas tan difíciles. |
| | |

**2.25** ¿Están de acuerdo con los profesores de Tony? Comenten con sus compañeros qué consejos, por su experiencia, les parecen más útiles.

**2.26** ¿Qué otros consejos pueden dar a sus compañeros sobre el aprendizaje del español?

........................................................................................................

........................................................................................................

# D. DESTREZAS

## LECTURA

### ■ Antes de leer

**2.27** **En el mundo hispano, como en cualquier cultura, tenemos un gran catálogo de fantasmas y seres oscuros. Vamos a conocer a algunos de ellos, pero, antes, comenta con tus compañeros estas preguntas.**

- ¿Has soñado o visto monstruos alguna vez?
- ¿Creyeron presentir a alguien dentro del armario o debajo de la cama?
- ¿Cómo son los monstruos de tus pesadillas?

- ¿Sabes qué es un "asustaniños"?
- ¿Han usado sus papás alguna vez historias de ogros o fantasmas que se llevan a los niños que no son buenos?

> **ESTRATEGIAS DE LECTURAS: LEER PENSANDO EN ESPAÑOL**
>
> Al leer, mira por encima todo el texto para ver de qué trata y luego vuelve a leerlo más despacio, leyendo en español sin traducir mentalmente cada palabra.

### ■ Leer

**2.28** **Lee el siguiente texto.**

#### LOS ASUSTANIÑOS

•••► El "coco" (más conocido, en muchos lugares, como el "cuco") es quizá el "asustaniños" hispano más extendido. Es un ser de pies peludos. Llega a América desde España y empieza a asustar niños en México y Perú.

El nombre "coco" está en clara relación con el fruto tropical homónimo; pero ¿qué fue antes, el fruto o el fantasma?

Los conquistadores llamaron *coco* al fruto del cocotero, porque su forma recuerda a la cabeza de un hombre peludo, es decir, lo relacionan con el "asustaniños".

*Koko*, en euskera, tiene tres acepciones: es un insecto negro y brillante, puede significar máscara y también enemigo. Se relaciona con el griego, *kókkos*: grano, pepita; el italiano, *còcco* o *cucco*: huevo; francés, *coque*: cáscara de huevo; castellano, *coca*: cabeza. En todos los casos, es algo redondo.

Para Fernando Ortiz, en América el coco español se mezcla con el *kuku* africano, un dios bantú que pronto se identifica con el demonio.

Sin importar su significado, el hecho en nuestra América es que el coco es una palabra que aterroriza, que indica que estamos en riesgo de ser devorados, secuestrados, o llevados a algún lugar oscuro y terrible. El coco es peludo, tiene dientes y colmillos enormes, con cuernos y patas de chivo, tiene los ojos rojos; puede ser de forma cuadrada, triangular o redonda. Es un monstruo que produce mucho miedo, así que, si eres malo, ten cuidado, porque tus padres te dirán: "¡Pórtate bien que te lleva el coco!".

Adaptado de: www.tehuacan.com.mx/gente/elcoco.htm

**2.29** **Contesta verdadero (V) o falso (F).**

| | V | F |
|---|---|---|
| **a.** El coco tiene un origen español. | ☐ | ☐ |
| **b.** El nombre del fruto es anterior al del fantasma. | ☐ | ☐ |
| **c.** El término *coco* existe en muchas lenguas con el significado de algo redondo. | ☐ | ☐ |
| **d.** En América el coco se identifica con el demonio por influencia africana. | ☐ | ☐ |
| **e.** Actualmente es un monstruo que no impresiona a los niños. | ☐ | ☐ |

# D. DESTREZAS

## ESCRITURA

### ■ Antes de escribir

**2.30** **Piensa en un deporte que practicas o has practicado alguna vez y del que te gustaría escribir en esta tarea. Elabora un mapa conceptual y reúne todas las palabras y expresiones que crees que puedes necesitar para tu redacción.**

> #### ESTRATEGIAS DE ESCRITURA: ESCRIBIR PENSANDO EN ESPAÑOL
>
> Al escribir un texto en español intenta activar el vocabulario reciente que ya has aprendido para ponerlo en práctica en la tarea e intenta pensar en español las frases que elaboras. Además, mientras escribes, ve revisando las frases para ir mejorando tu expresión escrita.

### ■ Escribir

**2.31** **Escribe un texto de 70-80 palabras donde expliques si practicas o has practicado algún deporte.**

En él debes explicar:

- de qué deporte se trata;
- con qué frecuencia lo practica o lo ha practicado y dónde;
- por qué le gusta ese deporte;
- qué características se necesitan para practicarlo;
- si no le gusta el deporte y nunca ha practicado ninguno, explique por qué.

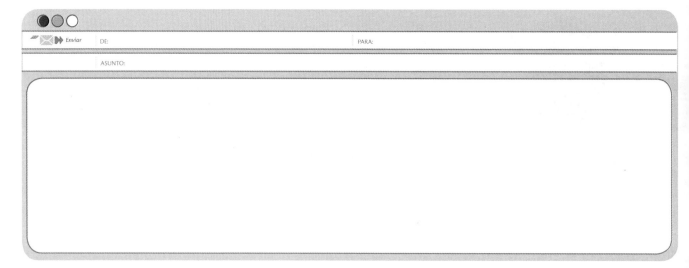

### ■ Después de escribir

**2.32** **Revisa los siguientes aspectos de tu texto:**

- La ortografía.
- Vuelve a leer el texto para comprobar que todos los argumentos están claros.
- Intercambia el texto con tu compañero para revisar el contenido.
- Hazle alguna pregunta a tu compañero sobre su texto para saber más.

## DISCURSO

### ESTRATEGIAS DE PRESENTACIÓN ORAL: CUIDAR EL LENGUAJE Y LA PRONUNCIACIÓN

Utiliza un lenguaje sencillo y claro para comentar los argumentos presentados. Señala los aspectos que consideras más importantes en el tema y explica tu opinión al respecto. Cuida tu pronunciación, usa un léxico variado y trata de expresarte con fluidez.

**2.33** **Lee los siguientes textos sobre el tema de encontrar pareja por Internet y habla durante 3 o 4 minutos acerca del tema. Estas preguntas te pueden ayudar a preparar tu exposición:**

- ¿Has utilizado alguna vez Internet para buscar pareja?
- ¿Conoces a alguien que lo hizo?
- ¿Crees que Internet es útil para buscar pareja?
- ¿Qué le aconsejarías a una persona que quiere buscar pareja por Internet?

•••➤ Según el Instituto Nacional de Estadística, la mitad de los solteros españoles están en Internet buscando pareja. Lo mismo ocurre en EE.UU., donde, según una encuesta de la Universidad de Rochester, el *online dating* es el segundo modo más frecuente de emparejarse.

•••➤ El autor Eli Finkel señala: "Lo más inteligente es usar los sitios *on-line* para después salir a la vida real… y esta modalidad es muy útil para personas que tienen oportunidades limitadas de conocer gente".

•••➤ Una recomendación de un experto es: "Use los perfiles para encontrar gente atractiva e interesante, intente conocer relativamente rápido a esa persona en un sitio público y, si no funciona, repita el procedimiento".

## FONÉTICA Y ORTOGRAFÍA

### ■ La sílaba tónica y la tilde

**2.34** **Discute con tu compañero la pronunciación de las siguientes palabras y marca su sílaba tónica. Después, ponles tilde si es necesario y escríbelas en la columna correspondiente.**

> balon • falta • marcador • prorroga • equipacion • lesion • tecnica • hincha
> pasaselo • jugada • tapon • campeon • fisico • robaselo • pitasela • ganadores
> resultado • victoria • reves • placaje • tactica • cancha

| Sobresdrújulas | Esdrújulas | Llanas | Agudas |
|---|---|---|---|
|  |  |  |  |

## BOLIVIA: UN PAÍS DE MONTAÑA

**2.35** En Bolivia, un país latinoamericano sin salida al mar, hay mucha gente cuyo hogar es la propia montaña. ¿Crees que hay diferencia de carácter entre las personas que viven cerca del mar y las que viven en la montaña?

**2.36** Bolivia es un país de montaña. Debido al aislamiento, se han podido mantener muchas de las costumbres ancestrales de su pueblo. Lee este escrito de un periodista que vivió en directo una de estas costumbres.

•••➤ Durante el mes de noviembre, el colonial pueblo de Totora se transforma en una colorida fiesta, donde cientos de personas llevan a cabo la celebración de los columpios de San Andrés, quizás la tradición más original de Bolivia. Una vez al año, los habitantes del poblado se reúnen para despedir las almas de sus deudos que bajaron desde las montañas y para festejar la juventud de las mujeres que buscan novio. Para ello, disponen gigantescos columpios en las calles adoquinadas, los adornan y se lanzan a festejar por varios días.

Dentro del bus en que viajo, me acompañan innumerables campesinas de llamativa vestimenta; hablan entre ellas en quechua y, aunque puedo distinguir algunas palabras, el paisaje por la ventanilla distrae mi atención. De colorido ocre, con sus pequeñas casas de barro regadas por lomajes, irremediablemente me evocan los parajes de Chile central.

Abruptamente, mi mente regresa a Bolivia ya que el camino por donde corre nuestro micro se transforma en una rústica senda adoquinada, haciendo brincar a los ocupantes de un lado a otro.

Después de cinco traqueteadas horas desde Cochabamba, arribamos con la luz del ocaso a Totora, pequeño poblado conocido por su arquitectura colonial. Al bajarme, camino por una angosta calle donde encuentro sentada en su pequeño almacén a la señora Olimpia Alba. Afortunadamente, domina el español y me comenta: "Ahora estamos de fiesta y llegó justo para la celebración de los columpios de nuestro San Andrés".

Casi sin darme cuenta, me había internado en las montañas en busca de imágenes y había llegado increíblemente al lugar indicado. Una gran fiesta me esperaba.

Pero una pregunta más a la señora Olimpia era vital: "¿Qué pasó con las casas?". "Fue el terremoto de 1998", dijo. A juzgar por la expresión de su rostro, era evidente que no quería tocar el tema.

Subo por un angosto camino que conduce al cementerio, desde donde obtengo una buena panorámica del poblado y su asimétrica arquitectura. A distancia, veo grandes varas que sobresalen de los techos. No son los soportes de las casonas, sino los columpios que durante todo noviembre mecen las creencias ancestrales de los totoreños.

Cuenta la tradición que el día 2 de noviembre bajan las almas de los muertos desde lo alto de la montaña o *hanacpacha* (cielo o mundo de arriba).

Luego, durante todo el mes, se efectúan los balanceos en los columpios para ayudar a los espíritus, cansados de vagar en el mundo de los vivos, a regresar a sus moradas celestiales. Para esto, las varas son adornadas con cintas, banderas y serpentinas para que las almas se alejen alegres y con buen recuerdo del poblado y sus descendientes.

Desde las montañas, llegaron numerosas mujeres cargando a sus bebés en sus espaldas para ver a las "mujeres voladoras". Como dice Belisario Rioja, un ornitólogo que regresa año tras año para disfrutar de la fiesta, "las mujeres jóvenes y algunas que no han tenido suerte en el amor, se columpian con la creencia, y por qué no decirlo, con la certeza de que, al alcanzar un canasto con los pies, obtendrán un novio. En el interior (del canasto) los familiares introducen pequeños obsequios, que simbolizan la llegada de las lluvias, buenas cosechas y fertilidad".

Mientras, dos robustos "empujadores" tiran de dos líneas hechas de cuero, que amarradas al asiento del columpio impulsan fuertemente a las muchachas por el aire, casi haciéndolas tocar el firmamento. "¡Flor que flamea, flor que flamea...!" gritan mientras vuelan por el cielo andino.

El sol cae en Totora y las mujeres ya han ayudado a sus deudos a regresar a la *hanacpacha*. Lentamente, los canastos van desapareciendo en las manos de sus felices dueñas, que observan la suerte de sus compañeras o simplemente se pierden en las callejuelas sacudiéndose las serpentinas de la espalda, quizás para encontrarse con sus anhelados pretendientes.

**2.37** **El relato del periodista es demasiado largo. Trabajas en una revista de viajes y te encargaron que lo resumas en diez líneas. Cuenta lo que crees que interesa a los lectores de esa revista.**

**2.38** **Escribe aquí las palabras que no conozcas del texto de la actividad 2.36. No mires el diccionario.**

**2.39** **Ahora, escribe las palabras que hagan referencia al paisaje de montaña. ¿Son las mismas que las de tu compañero?**

**2.40** **De las palabras que escribiste en la actividad 2.37, ¿hay alguna que pueda hacer referencia al paisaje?, ¿qué puede significar? Aventura una definición y, después, verifícala en el diccionario.**

Aunque un texto, aparentemente, resulte difícil por el significado opaco de muchas de sus palabras, pocas veces estas palabras te impedirán la comprensión global de lo que leíste. Para disfrutar leyendo, concéntrate en lo que el texto te comunica en general y no te obsesiones con aquellas palabras que no entiendas. Cuanto más leas en español, más transparentes te parecerán esas palabras.

**2.41** **Revisa el texto de la actividad 2.37. Ahora que conoces el significado de algunas palabras más, ¿cambiarías algo del resumen?**

**2.42** **Busca información sobre algunas fiestas de Bolivia y escribe un artículo similar al que leíste.**

Carnaval de Oruro

Morenada

Fiesta de la Virgen de Guadalupe, Sucre

# DE CINE

## A. VOCABULARIO

**EL CINE** (Textbook pp. 98-99)

**3.1** **Comenta con tu compañero qué tipo de películas te gustan más.**

drama • romántica • de ciencia ficción • cortos • de terror
del oeste • versión original • musical • policiaca • sonora • de risa
de acción • de animación • histórica • doblada • muda • subtitulada
largometrajes • bélica                        en blanco y negro • de miedo
de guerra • fantástica                        en color • de aventuras
de dibujos animados                        de amor • de vaqueros

**3.2** **Busca en la actividad 3.1 los sinónimos de estas palabras.**

**a.** Película bélica ➡ .................................................................................................

**b.** Película de animación ➡ ...................................................................................

**c.** Película romántica ➡ .........................................................................................

**d.** Película del oeste ➡ ...........................................................................................

**e.** Película de miedo ➡ ...........................................................................................

**3.3** **Ahora relaciona los contrarios.**

**1.** en color                    **a.** versión original

**2.** corto                        **b.** sonora

**3.** drama                       **c.** en blanco y negro

**4.** doblada                    **d.** largometraje

**5.** muda                        **e.** comedia

**3.4** **Seguro que has visto muchas películas.
¿Recuerda algunos títulos de películas con estas
características?**

Una de risa ➡ .....................................................................

Una que es un rollo ➡ .......................................................

Una romántica ➡ ...............................................................

La más pesada que has visto ➡ .......................................

Un peliculón, tu preferida ➡ ............................................

Una de miedo ➡ .................................................................

Una que te parece una tontería ➡ ..................................

**3.5** **Aquí tienes diferentes expresiones para opinar sobre las películas. Con tu compañero/a, marquen (+) si les parecen positivas y (-) si les parecen negativas.**

- ☐ un peliculón
- ☐ preciosa
- ☐ un rollo
- ☐ ni fu ni fa
- ☐ horrible
- ☐ una tontería
- ☐ pesada

**3.6** **Completa siguientes opiniones con las palabras de la actividad anterior.**

a. No vayas a ver Matrix, es ............................., la peor película que he visto en mi vida.

b. ¿La noche de los muertos vivientes?, No sé, no está mal, nada original, ...............................

c. No puedo soportar estas películas románticas, son todas iguales, son ..............................

d. La primera de Piratas del Caribe me gustó, pero las demás no tienen ningún interés, me parecen ..................

e. ¿Que opino de Avatar? ¡Genial!, una maravilla, una obra de arte ..............................

f. ¿Toy Story? Me encanta, es ............................., una película bonita de verdad.

g. A mí las pelis antiguas en blanco y negro me aburren, me duermo, es que son muy ...............................

**3.7** **Escribe un texto explicando cuándo fue la última vez que fuiste al cine y qué tipo de película viste. Usa el siguiente vocabulario.**

> entradas • taquilla • butaca • fila • sala • pantalla
> palomitas • películas dobladas • películas en versión original • películas subtituladas
> películas en 3D • película en blanco y negro • tráilers • estrenos

........................................................................................................................................
........................................................................................................................................
........................................................................................................................................
........................................................................................................................................

**3.8** **Señala las profesiones relacionadas con el cine.**

- • actor / actriz
- • guionista
- • presentador/a
- • productor/a
- • escritor/a
- • modelo
- • director/a de cásting
- • diseñador/a de vestuario
- • maquillador/a
- • cámara
- • compositor/a de bandas sonoras

### EXPRESAR SORPRESA, ESCEPTICISMO Y CURIOSIDAD

**3.9** 🎧 **7** **Completa la siguiente conversación con las expresiones del recuadro. Luego, escucha y comprueba tus respuestas.**

> ¡Qué gracia! • A que no sabes… • Sigue, sigue… • ¡Qué me dices! • ¡Qué vergüenza!

**Maite:** ¿Por qué has llegado tan tarde?

**Jorge:** No te lo vas a creer. (a) ..................... qué me ha pasado. Esta mañana he decidido venir en coche, ya sabes que nunca lo hago. Pues te juro que venía a la velocidad permitida y, de repente, ¡me para un guardia civil*!

**Maite:** (b) ......................

**Jorge:** Sí, así es. Pero lo peor viene ahora.

**Maite:** (c) ......................

**Jorge:** Pues el policía se aproxima a mi ventanilla y me dice: "Dígame, ¿qué desea?". Yo me he quedado extrañado y le he dicho: "He parado porque usted me ha dado el alto", y él me ha respondido: "No, yo he levantado el brazo para saludar a un amigo". Me he empezado a reír y no podía parar.

**Maite:** (d) ......................

**Jorge:** ¡No! (e) ..................... El guardia debió de pensar que estaba loco.

*Guardia civil: agente de tráfico.

**3.10** **Ordena las siguientes expresiones en la tabla según su función.**

- ¿A que no sabes…?
- ¿De verdad?
- Sigue, sigue…
- ¡No me lo puedo creer!
- ¿Y…?

- ¡No!
- ¡Qué me dices!
- ¡Claro que no!
- ¡Increíble!
- ¡No me digas!

- ¿Ah, sí?
- Cuenta, cuenta…
- ¿Sabes que…?
- ¿Cómo?
- ¡Híjole! / ¡Anda ya!

| Para **introducir** una anécdota | Para **mostrar interés** | Para expresar **incredulidad** o **sorpresa** |
|---|---|---|
| | | |

**Fíjate:** Expresión de sorpresa en México: *¡Híjole!*

¡Híjole!

**3.11** **Escribe una anécdota que te haya pasado hace poco.**

....................................................................

....................................................................

### 1. REVISIÓN DE LOS TIEMPOS DE PASADO (Textbook p. 100)

**3.12** **Fíjate en la siguiente explicación y complétala con el nombre del tiempo verbal adecuado: pretérito, imperfecto o presente perfecto.**

Descripción
- Acciones habituales.
- Personas o cosas.
- Circunstancias y contextos.

1. ...............................

Narración
- Acciones y acontecimientos que ocurrieron en una ocasión en el pasado, aún si es muy reciente.
- Frecuentemente se especifica cuándo, dónde y en qué ocasión.
- Acciones no relacionadas con el presente.

2. ...............................

- Experiencias que han sucedido varias veces y no importa cuándo.
- Ocurrieron en un tiempo definido que dura hasta el presente.
- Acciones relacionadas con el presente.

3. ...............................

**3.13** **Asocia cada frase con los tiempos que escribiste en el cuadro anterior.**

- ☐ Era un muchacho alto.
- ☐ Hoy llegó tarde.
- ☐ De niño, acostumbraba jugar solo.
- ☐ Nunca he probado el mate.
- ☐ Hoy desayuné chilaquiles verdes.
- ☐ Hacía frío y llovía.
- ☐ Anoche, el tren salió muy tarde.
- ☐ Nunca hemos estado allí.
- ☐ Me habló ayer en la tarde.
- ☐ He comido pacholas varias veces.
- ☐ Comí chilaquiles en Oaxaca.
- ☐ Hace dos semanas fuimos al tianguis.
- ☐ Últimamente hemos ido al tianguis los fines de semana.

---

**EXPANSIÓN GRAMATICAL: El presente perfecto**

El presente perfecto se utiliza más en España que en Latinoamérica. Observa cómo se usa en estos extractos de novelas.

– ¿Qué tal? ¿**Viniste** por la Rambla o por la calle Canelones?

– Por Canelones, pero había un tránsito infernal [...]

– ¿**Viste** a Hugo?

– No.

– **Llamó** hoy temprano y dijo que si tenía tiempo iría por la Agencia.

*Gracias por el fuego* (1969),
Mario Benedetti, **uruguayo**

– Hola, señor Raúl. El cartero **ha dejado** esta carta para usted en la portería. Es de un museo.

– Gracias, señora Sole. (...)

– De nada. Le **he esperado** en la portería para darle la carta, pero no sabía si iba usted a salir hoy y se la **he subido**. Quizás es urgente. ¿Sabe?

*Paisaje de otoño*, (2002)
Ana María Carretero, **española**

**3.14** **En estas frases hay algunos errores. Búscalos y corrígelos.**

Modelo: Anoche no ~~podía~~ dormir durante toda la noche.
Anoche no **pude** dormir durante toda la noche.

**a.** Cuando fui pequeña tuve un perro que se llamó Solovino, lo quise mucho porque fue muy cariñoso.

.........................................................................................................................................................

**b.** Mi madre, de joven, fue un poco impaciente, nunca estuvo quieta, tuvo que estar haciendo algo porque si no, se aburrió.

.........................................................................................................................................................

**c.** Muchas veces hemos hecho muchos viajes juntos, por ejemplo, el año pasado estuvimos en Cuba dos semanas. Creo que fue el viaje que más nos gustó.

.........................................................................................................................................................

**d.** El concierto era fantástico. Me encantó porque la voz del cantante fue muy especial.

.........................................................................................................................................................

**e.** Últimamente no vi a Juan Luis. No sé dónde se metió.

.........................................................................................................................................................

**f.** Cuando tuve doce años, una tarde me atropellaba un coche y me llevaban en ambulancia hasta el hospital.

.........................................................................................................................................................

**3.15** **Escribe sobre algo que hiciste ayer y por qué lo hiciste.**

Modelo: Ayer me acosté muy tarde porque tenía que estudiar para un examen...

**3.16** **Observa las siguientes imágenes y construye frases en pasado.**

## 2. NARRAR EN PASADO (Textbook pp. 100-101)

Para **narrar** es imprescindible conocer los usos de los diferentes pasados junto a algunos recursos típicos de una narración.

- Para **introducir** la historia y situarla temporalmente:
  - *Una vez/Un día subí con Shakira en el mismo ascensor.*
  - *En 2005 me gradué y empecé a trabajar en esta empresa.*
  - *Cuando era pequeño, vivía en una aldea.*
  - *María, a los tres años, comenzó a estudiar y aprendió a leer en poco tiempo.*
  - *Hace tres años, cuando todavía era un bebé, se fue a vivir a Alemania.*
  - *En esa época la gente iba más al teatro que ahora.*

- Para **destacar** un hecho importante:
  - *De repente/De pronto/En ese momento, se cruzó un carro y chocó contra un camión que venía en sentido contrario.*

- Para **continuar** el relato:
  - *Luego/Más tarde/Después/Al rato/Algún tiempo después, se montó en su caballo y cabalgó a través del bosque.*

- Para **terminar** el relato:
  - *Total que/Y por eso/Al final todo volvió a la tranquilidad.*

**3.17** **Lee estas dos anécdotas que le ocurrieron a Sergio. Completa con las partículas narrativas que aparecen en el recuadro.**

> cuando • al final • al rato • de repente • un día • allí mismo • en ese momento • hace unos años
> después (x2) • total que • unos días más tarde • por eso

(1) .......................... del mes pasado, salí de casa muy temprano, estaba sacando la basura (2) .......................... apareció un hombre de aspecto muy normal: iba con traje, llevaba un maletín, parecía elegante… (3) .......................... me fijé en que iba descalzo. Me quedé muy sorprendido, él siguió su camino tranquilamente y desapareció por una esquina. (4) .........................., (5) .........................., me quedé sin saber por qué iba descalzo. (6) .......................... lo volví a ver, estaba muy cambiado y esta vez llevaba zapatos.

(7) .......................... mis amigos y yo estábamos tomando unas copas en un bar, era de noche y estaban a punto de cerrar; (8) .......................... había muy poca gente. Estábamos hablando y (9) .......................... entró un hombre que vendía flores, nos ofreció unas y le dijimos que no queríamos. (10) .........................., volvió y, (11) .......................... sin avisar, sacó una pistola y (12) .......................... nos amenazó con ella. Todos estábamos aterrorizados, nos mirábamos con miedo y, (13) .......................... se empezó a reír sin parar y nos dijo: "Era una broma". Casi nos mata del susto.

# C. GRAMÁTICA

**3.18** **Une las frases de las columnas de forma que tengan sentido.**

1. Había comenzado a nevar…
2. Viajé hasta Guadalajara…
3. Conocí a Sandra…
4. Decidí hacer el doctorado…
5. Sonó el despertador…
6. Fuimos al parque…
7. Regresé a mi casa a las diez…

a. después de salir del trabajo.
b. pero ya estaba despierto.
c. cuando todavía era una niña.
d. después de terminar la carrera.
e. cuando había amanecido.
f. pero no había anochecido.
g. porque estaba cansado.

**3.19** **Escoge una de las frases completa del ejercicio anterior y, a partir de ella, invéntate una pequeña historia. No olvides utilizar los recursos para organizar los hechos.**

## 3. EL PRETÉRITO PLUSCUAMPERFECTO DE INDICATIVO (Textbook pp. 101-102)

El **pretérito pluscuamperfecto** se forma con el imperfecto del verbo *haber* más el participio del verbo principal.

| | | Participio pasado regular | Participio pasado irregular | |
|---|---|---|---|---|
| Yo | **había** | | abrir ➡ **abierto** | hacer ➡ **hecho** |
| Tú | **habías** | | morir ➡ **muerto** | romper ➡ **roto** |
| Él/ella/usted | **había** | estudi**ado** (estudi**ar**) | volver ➡ **vuelto** | decir ➡ **dicho** |
| Nosotros/as | **habíamos** | com**ido** (com**er**) | ver ➡ **visto** | descubrir ➡ **descubierto** |
| Vosotros/a | **habíais** | sal**ido** (sal**ir**) | escribir ➡ **escrito** | poner ➡ **puesto** |
| Ellos/ellas/ustedes | **habían** | | | |

**\*España:** *Vosotros/as habíais vuelto*   **\*Argentina:** *Vos habías vuelto*

**3.20** **Completa las frases con el pretérito pluscuamperfecto.**

a. Estoy leyendo *El Quijote*, pero ya lo ..................... (leer) antes.
b. ¡Qué isla tan bonita! Nunca, hasta ahora, ............. (estar, yo) en un lugar así.
c. Cuando llegamos a la fiesta, los invitados ya ..................... (marcharse).
d. No sabía que Martha y Luis ..................... (volver) de sus vacaciones.
e. Cuando el tren salió de la estación, todavía no ..................... (amanecer).
f. Al llegar a casa nos dimos cuenta de que ..................... (perder) las llaves.
g. La profesora nos preguntó si ..................... (hacer) los ejercicios.
h. Cuando entré en la cocina vi que el arroz ..................... (quemarse).

**3.21** **Escribe los verbos que faltan en la forma adecuada.**

•••➤ María Luisa tuvo que vender el anillo de diamantes que su esposo, José Javier, le (1) .......................... (regalar) antes de casarse. Dos meses más tarde José Javier le (2) .......................... (preguntar) qué (3) .......................... (hacer, ella) con el anillo, porque hacía mucho tiempo que no lo (4) .......................... (usar, ella). Ella le (5) .......................... (responder) que lo (6) .......................... (perder) pero que no (7) .......................... (saber) dónde y que no le (8) .......................... (decir) nada para no preocuparlo. Él (9) .......................... (buscar) el anillo en los lugares donde María Luisa (10) .......................... (estar) últimamente, pero nadie lo (11) .......................... (ver).
Mientras tanto, María Luisa (12) .......................... (intentar) recuperar el anillo: (13) .......................... (ir) a la casa de empeños donde lo (14) .......................... (vender) pero alguien lo (15) .......................... (comprar). Entonces María Luisa, desesperada, (16) .......................... (volver) a su casa y le (17) .......................... (contar) la verdad a José Javier: (18) .......................... (perder, ella) una partida de póquer y (19) .......................... (necesitar) el dinero para pagar la deuda. Le (20) .......................... (explicar, ella) que (21) .......................... (volver, ella) a la casa de empeños para recuperarlo, pero que el anillo ya ni (22) .......................... (estar). María Luisa, muy triste, (23) .......................... (empezar) a llorar.

**3.22** **Inventa un final para la historia anterior.**

.............................................................................................................................................................
.............................................................................................................................................................
.............................................................................................................................................................
.............................................................................................................................................................

## 4. *POR* Y *PARA* (Textbook pp. 94-95)

**3.23** **Lee las siguientes frases con atención. Relaciona cada una con su uso correspondiente y complétalas con *por* o *para*.**

| POR | | PARA | |
|---|---|---|---|
| 1. Causa y motivo | 4. Medio | 7. Finalidad o destino | 10. Opinión |
| 2. Cambio | 5. Lugar aproximado | 8. Destinatario | 11. Término de tiempo |
| 3. Período de tiempo aproximado | 6. Precio | 9. Dirección | |

a. ☐ Gabriel me envió .......................... correo electrónico las fotos que nos tomamos en noviembre.

b. ☐ ¡Qué viaje tan pesado! .......................... llegar a Ámsterdam en avión tuvimos que hacer escala en dos ☐ aeropuertos .......................... problemas meteorológicos.

*Continúa* ➤

**c.** ⬭ ➤ ¡Mira qué pañuelo tan bonito! Se lo cambié a Isabel ........................... mi pulsera de plata.

⬭ ▷ ¡Pues qué buen trato hiciste!

**d.** ⬭ Aunque me vaya tan lejos, no te preocupes, ........................... tu cumpleaños ya estaré aquí.

**e.** ⬭ Martínez, llame a Administración y dígales que necesito los balances ........................... mañana sin falta.

**f.** ⬭ En la amistad y en el amor, ........................... mí lo más importante es la honestidad.

**g.** ⬭ ➤ Ayer estuvimos toda la tarde de compras ........................... el centro y no te puedes imaginar la cantidad de gente que había.

⬭ ▷ Es que ........................... estas fechas la gente se vuelve loca comprando.

**h.** ⬭ Y este es el último modelo de cafetera con un recipiente ........................... doce tazas.

**i.** ⬭ Muchas gracias ........................... tu invitación, pasé una tarde maravillosa.

**j.** ⬭ Mira, compré esto ........................... ti.

**k.** ⬭ Lo compré ........................... solo veinte euros.

---

### EXPANSIÓN GRAMATICAL: *Porque* y *como*

**Porque** y **como** expresan también la causa. Recuerda que *como* siempre va al principio:

– **Como** trabaja mucho, está muy cansado.
– Está muy cansado **porque** trabaja mucho.

---

**3.24** **Completa estas frases con la explicación más adecuada. Ten cuidado con el orden de los elementos.**

- como está lloviendo
- porque me quedé sin batería
- porque el precio del petróleo varió
- como no pagaban la renta

**a.** ........................... en los últimos meses los precios han aumentado ...........................

**b.** ........................... no podemos ir esta tarde a la playa ...........................

**c.** ........................... no pude llamarte por teléfono...........................

**d.** ........................... los inquilinos fueron desalojados de las viviendas...........................

**3.25** **Termina estas frases.**

**a.** Vine para… ➡ ...........................................................................................................

**b.** Te enviaré toda la información por… ➡ ...........................................................................................................

**c.** Voy a comprar una Tablet para… ➡ ...........................................................................................................

**d.** Vi una por… ➡ ...........................................................................................................

**e.** Las próximas vacaciones quiero ir a la playa para… ➡ ...........................................................................................................

**f.** Voy a ir por… ➡ ...........................................................................................................

**g.** Como sé que te gusta el chocolate… ➡ ...........................................................................................................

**h.** No te llamé porque… ➡ ...........................................................................................................

## LECTURA

### ■ Antes de leer

**3.26** **Lee las preguntas de la actividad 3.28 y determina la información que debes buscar.**

> **ESTRATEGIA DE LECTURA: BUSCAR LA INFORMACIÓN RELEVANTE**
>
> Consultar las preguntas antes de leer el texto te ayudará a determinar cuáles son las ideas principales del mismo y qué tipo de información es la relevante para el desempeño de la tarea.

### ■ Leer

**3.27** **Lee el siguiente texto y subraya la información que crees que te ayudará a contestar a las preguntas.**

#### FESTIVALES DE CINE

•••▶ La mejor forma de animar al público a acudir a los cines es promocionándolo, y para ello existen diferentes formas, al margen de la publicidad en televisión, Internet, periódicos o revistas.

Cada año se entregan unos premios a lo mejor del año, algo así como los óscar españoles. Se llaman los premios Goya, como el famoso pintor español. Se dice que los llamaron así porque se trataba de un pintor mundialmente conocido que había tenido un concepto pictórico cercano al cine y además era un nombre corto, como en el caso del premio Óscar. Se entregan premios a la mejor película, a los mejores actores, al mejor director y así hasta un total de 28 premios que en la mayoría de los casos sirven para dar a conocer esas producciones o para que más gente se interese por estas películas.

Además de estos premios, existen también en España varios festivales de cine en los que se proyectan y se dan a conocer películas tanto nacionales como internacionales. De entre todos ellos, el más importante sin duda es el Festival Internacional de Cine de San Sebastián, uno de los más antiguos y prestigiosos de Europa, celebrado durante el mes de septiembre desde 1953 en la ciudad vasca de San Sebastián, en el norte del país. Durante esos días los asistentes al festival podrán comprar entradas para ver películas, incluso tendrán la oportunidad de votar para dar algún premio. Por este festival han pasado grandes estrellas del cine internacional y ha sido impulsor de importantes directores como por ejemplo, Pedro Almodóvar. Es una visita obligada para cualquier amante del cine.

No es este el único festival de España. Otros también muy importantes son, por ejemplo, el Festival de Cine de Sitges, cerca de Barcelona, especializado en el cine fantástico y de terror, y el Festival de Málaga centrado en el cine español. En Latinoamérica tampoco faltan festivales de cine, pero hay que destacar por su importancia el Festival Internacional de Cine de Mar del Plata, en Argentina, fundado en 1954.

Gracias a estos premios y festivales, mucha gente va al cine para ver películas que recibieron premios. Sienten la necesidad de comprar una entrada, entrar en la sala y sentarse enfrente de la pantalla grande.

### ■ Después de leer

**3.28** **Contesta a las preguntas.**

a. ¿Cómo se llaman los premios del cine español?

b. ¿Por qué se llaman así?

c. ¿Cuántas categorías hay en esos premios?

d. ¿Cuál es el festival de cine español más importante?

e. ¿Desde cuándo se celebra el Festival Internacional de Cine de San Sebastián?

f. ¿Cuál es el festival español especializado en el cine fantástico?

g. ¿En qué país se celebra el festival de cine más importante en Latinoamérica?

# D. DESTREZAS

## ESCRITURA

### ■ Antes de escribir

**3.29** **Lee el texto sobre esta famosa familia del cine americano. Escoge las palabras e ideas que te pueden ayudar para describir a tu familia.**

### ■ Escribir

**3.30** **Escribe un correo electrónico a un/a amigo/a hablándole sobre la última película que viste (o una película que te gusta especialmente). No olvides hablar del género, el director, los protagonistas, el argumento, alguna escena que te gusta especialmente, etc. (80-100 palabras aproximadamente).**

### ■ Después de escribir

**3.31** **Revisa los siguientes aspectos del escrito:**

- La ortografía.
- Precisión gramatical: uso apropiado de verbos y conjugaciones en pasado.
- Introducción de marcadores.

## DISCURSO

**3.32** **Cuenta una anécdota o una experiencia insólita real o inventada. Recuerda usar los recursos para organizar tu relato.**

## FONÉTICA Y ORTOGRAFÍA

### ■ La letra *h*

Se escriben con *h*:

- Las palabras que empiezan por **hui–**, **hie–**, **hue–** (y la mayoría de las que empiezan por **hum–**).
- El participio del verbo *hacer*: **hecho**; pero no *echo* (del verbo *echar*).
- **Ahí/ Hay/¡Ay!** es de los errores más comunes, ya que las tres palabras suenan igual.
- **Ha**, cuando es parte del verbo (*ha venido*, *ha salido*), pero no cuando es una preposición *a*.
- El verbo **haber**, pero no **a ver** (preposición *a* + verbo *ver*).

**3.33** **Busca en tu diccionario palabras que empiecen por *hui, hie, hue* y *hum*, y escribe dos de cada grupo.**

hui–: ........................................................ hue–: ........................................................

hie–: ........................................................ hum–: ........................................................

**3.34** **Escribe la *h* donde corresponda.**

a. Ya .........e .........echo las tareas.

b. A veces .........echo agua al vino.

c. María .........a .........echo los test muy bien últimamente.

d. El profesor me preguntó cómo .........abía .........echo el dibujo.

e. ¿Ya .........as .........echo todos los problemas?

f. Los bomberos .........echan agua al fuego.

**3.35** **Completa con la forma correcta: *ahí, hay, ay.***

a. ¡........................ están tus lentes!

b. ¡........................ qué dolor!

c. Todavía ........................ mucho por hacer.

d. ¡........................! Me golpeaste con la silla.

e. En esta ciudad nunca ........................ cosas interesantes que hacer.

f. ........................ tienes lo que me pediste ayer.

**3.36** **Completa con *a* o *ha*.**

a. Voy ........................ verle ........................ su casa porque está enfermo.

b. El niño todavía no se ........................ bebido toda la leche.

c. Todavía no ........................ recogido sus cosas y ya se ........................ marchado ........................ comer.

d. ........................ veces me olvido de cómo se escribe.

**3.37** **¿*Haber* o *a ver*?**

a. En este país suele ........................ personas que siempre esperan ........................ si otros les solucionan los problemas.

b. Me gustaría ir ........................ cómo tocas el piano.

c. Dejará de ........................ muertes una vez que se pongan a negociar. ¡........................ si esto se logra pronto!

## Y TU MAMÁ TAMBIÉN

**3.38** Lee la siguiente ficha de la película *Y tu mamá también* de Alfonso Cuarón. ¿De qué crees que trata la historia?

•••▶ Esta es una de las películas mejor elaboradas y de mayor éxito en México e internacionalmente de Alfonso Cuarón. Además, consolidó la carrera de Gael García Bernal y lanzó al éxito a otro actor mexicano, Diego Luna. Los dos actores recibieron el premio Marcelo Mastroianni a los mejores actores revelación, en el Festival Internacional de Cine de Venecia. Causó controversias por sus escenas sexuales y al principio se le distribuyó en los Estados Unidos solo limitadamente. En México, en la primera semana de exhibición, rompió los récords de ventas en la historia del cine del país.

Maribel Verdú        Gael García        Diego Luna        Alfonso Cuarón

**3.39** Con tu compañero, busquen en Internet información sobre la película y respondan a las siguientes preguntas.

**a.** ¿Qué tipo de película es? ➡ ...................................................................

**b.** ¿De qué trata? ¿Cuál es la historia? ➡ ...................................................................

**c.** ¿Te dicen algo los apellidos de los protagonistas? ➡ ...................................................................

**d.** ¿Cómo es Julio Zapata? ➡ ...................................................................

**e.** ¿Cómo es Tenoch Iturbe? ➡ ...................................................................

**f.** ¿Cómo es Luisa Cortés? ➡ ...................................................................

**g.** ¿Y Silvia, la madre de Tenoch? ➡ ...................................................................

**h.** ¿Cómo es la relación entre los protagonistas? ➡ ...................................................................

**i.** ¿Y el final? ¿Qué te parece? ➡ ...................................................................

**3.40** Uno de los elementos clave de Cuarón es el lenguaje que pone en boca de sus personajes, una lengua viva y real. Con el cine de este director podemos encontrar el lenguaje coloquial con varias expresiones que a veces cuesta entender. En una escena de la película *Y tu mamá también* vas a trabajar con varios tipos de lenguaje: el lenguaje del narrador y los padres, más formal, y los jóvenes, que aunque son de clase social media y alta, usan expresiones coloquiales.

**Narrador:** La madre de Ana, una francesa divorciada, maestra del Centro de Estudios Extranjeros, no objetaba que Tenoch se quedara a dormir con su hija. Con Julio era distinto. Estuvo con Cecilia solo hasta la una y tuvo que regresar en la mañana para acompañarla para llevarla al aeropuerto. Aunque nunca lo externara, el padre de Cecilia, un pediatra especialista en alergias, temía que la relación de Cecilia con Julio llegara demasiado lejos. En cambio, la madre, una sicóloga lacaniana, veía con agrado el noviazgo al que calificaba como inocente.

**La madre de Cecilia:** Es un caso, no encuentra el pasaporte.

**El padre de Cecilia:** ¡Ay! La va a dejar el avión.

**Cecilia:** Julio sube tantito, porfa. ¡Ayúdame a buscar mi pasaporte!

**Madre:** Anda m'hijito, sube que tenemos prisa.

**Julio:** Sí, sí, sí.

**Madre al padre:** ¿Y tú? ¿Ya sacaste el coche?

**Cecilia a Julio:** ¡Rápido, cierra la puerta!

**Julio a Cecilia:** ¿Y tu pasaporte?

**Cecilia:** Aquí está, menso. ¡Ven, apúrate bicho!

**Julio mientras hace el amor a Cecilia:** ¡Ah! ¡Ah! ¡Ah!

**Cecilia mientras hace el amor a Julio:** ¡Qué rica despedida…! ¿Oye vas a salir hoy de reve?

**Julio mientras hace el amor a Cecilia:** No creo bicha. Me voy a sentir bien raro solo. Voy a estar extrañándote un chingo. ¡Tu mamá! *(Salta al otro lado de la cama)*

**Cecilia mientras hace el amor a Julio:** Vente, vente, quiero llevarte un poquito conmigo.

**Madre entrando en el cuarto de Cecilia:** Te va a dejar el avión. ¿Encontraste tu pasaporte?

**Julio al otro lado de la cama:** Sí, aquí está.

[…]

**3.41** Esta es una de las primeras escenas de la película. ¿Sabrían decir por qué hubo controversia para catalogar esta película?

**3.42** En este diálogo, seguro que encontraste muchas expresiones que ya habías oído o leído, pero algunas de ellas todavía no sabes exactamente qué significan y en qué contextos se utilizan. Haz con tu compañero/a una lista con las expresiones que conoces y con las que no conoces de la escena e intenta explicar para qué sirven, qué expresan y en qué momentos se utilizan.

# SUPERESPACIO

## A. VOCABULARIO

### LA COMIDA (Textbook pp. 124-125)

**4.1** **Relaciona el nombre de cada alimento con su imagen correspondiente.**

**VERDURAS**

- ☐ calabacita
- ☐ patata
- ☐ ajo
- 7 pepino
- ☐ tomate
- ☐ lechuga
- ☐ zanahoria
- ☐ cebolla
- ☐ pimiento
- 4 berenjena

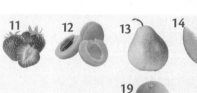     

**FRUTAS**

- 21 manzana
- ☐ limón
- 17 cereza
- ☐ naranja
- ☐ uva
- ☐ melón
- ☐ fresa
- 18 plátano
- 16 sandía
- ☐ albaricoque
- ☐ pera
- ☐ durazno

**CEREALES**

- ☐ cereales
- ☐ galleta
- 24 arroz
- ☐ pan
- ☐ macarrones
- ☐ espaguetis

**BEBIDAS**

- ☐ agua
- ☐ café
- ☐ té
- ☐ refresco
- ☐ jugo
- ☐ vino
- 29 cerveza
- ☐ leche

**CARNES Y PESCADO**

- ☐ pollo
- ☐ carne
- ☐ jamón
- ☐ pescado

**GRASAS, HUEVOS Y LÁCTEOS**

- ☐ azúcar
- ☐ yogur
- 48 aceite
- ☐ huevo
- 43 queso
- ☐ helado
- 47 vinagre
- ☐ chocolate
- 49 mantequilla

**4.2** Lee las siguientes descripciones y decide a qué alimento de los que aparecen en el recuadro corresponde cada una.

> aceite de oliva • aceite de girasol • bizcocho • mantecada • berenjena • calabacita • espinacas
> cereza • piña • kiwi • guisantes • lentejas • frijoles • garbanzos • carne picada • chuleta de puerco
> pechuga de pollo • bistec • salchichón • chorizo • leche entera/desnatada • mantequilla
> yogur natural/desnatado/con futas

**a.** Se obtiene a partir de las aceitunas y tiene un color que puede ir del verde al dorado. Es líquido y se utiliza para aderezar ensaladas o para cocinar distintos alimentos. ➡ ...................................

**b.** Se llama así a la carne similar a un filete que normalmente se extrae de una zona cercana a las costillas y que lleva hueso. ➡ ...................................

**c.** Fruta de color verde y piel pilosa con alto contenido en vitamina C. Es originaria de Nueva Zelanda. ➡ ...................................

**d.** Legumbre de color marrón y forma redondeada. Es muy popular en los países mediterráneos y apreciada por su alto contenido en hierro. ➡ ...................................

**e.** Especie de pastelillo esponjoso hecho a base de huevo, harina y azúcar. Es habitual en los desayunos. ➡ ...................................

**4.3** Imagina que, con dos personas más, vas de excursión a la montaña y tienes que llevar suficiente comida para cuatro días. ¿Qué te llevarías? Elabora tu lista a partir de los alimentos anteriores. Compara después tu lista con la de tu compañero. ¿Eligieron lo mismo?

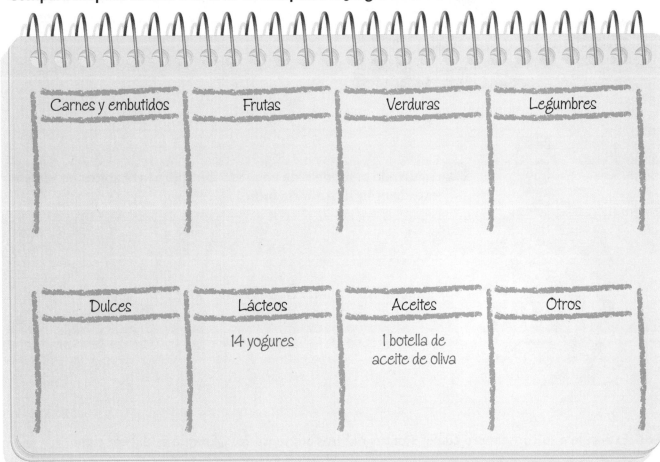

| Carnes y embutidos | Frutas | Verduras | Legumbres |
| --- | --- | --- | --- |
| | | | |

| Dulces | Lácteos | Aceites | Otros |
| --- | --- | --- | --- |
| | 14 yogures | 1 botella de aceite de oliva | |

### A COCINAR (Textbook p. 126)

**4.4** Lola es una modelo con unos hábitos alimentarios bastante controlados. Fíjate en las palabras del recuadro y utilízalas para completar el texto sobre su dieta.

> pescado a la plancha • pan multicereales • fruta del tiempo • papas fritas • ensalada mixta
> leche entera • yogur desnatado • un trozo de pastel • agua mineral

••▶ Cada mañana, suelo tomar un vaso de (a) ........................ antes de desayunar. De esa forma recupero líquidos. Una rebanada de (b) ........................ bien tostado y un jugo es más que suficiente para empezar. A media mañana, prefiero la (c) ........................, como las manzanas, mis favoritas. Para almorzar, tomo con frecuencia (d) ........................ y (e) ........................ Son dos opciones muy ligeras y sanas. Nunca ceno con (f) ........................ Demasiadas calorías. De lácteos, prefiero el (g) ........................ y evito siempre la (h) ........................ Cuando me apetece algo dulce tomo simplemente un (i) ........................, aunque solo de vez en cuando. Hay que mantener la línea.

**4.5** ¿Tiene Lola un hábito alimentario saludable? ¿Por qué? Discútelo con tus compañeros.

**4.6** Siguiendo el modelo de Lola, escribe ahora los hábitos de Juan, estudiante y jugador de futbol.

..................................................................................................
..................................................................................................
..................................................................................................
..................................................................................................
..................................................................................................
..................................................................................................

**4.7** Explícale a tu compañero cuáles son tus hábitos alimentarios. ¿En qué se diferencian?

**4.8** Con tu compañero, observa los ingredientes de las imágenes y di qué acciones se pueden realizar con ellos.

poner en remojo • lavar • escurrir • añadir • cocer • lavar • triturar • congelar

Modelo: El tomate se puede lavar, cocer, triturar, escurrir, etc.

..................................   ..................................   ..................................   ..................................   ..................................
..................................   ..................................   ..................................   ..................................   ..................................
..................................   ..................................   ..................................   ..................................   ..................................
..................................   ..................................   ..................................   ..................................   ..................................
..................................   ..................................   ..................................   ..................................   ..................................
..................................   ..................................   ..................................   ..................................   ..................................

**4.9** Aquí tienes una receta muy sencilla de lentejas. Ordena las frases para dar sentido al texto.

**a.** ◯ La noche anterior a su preparación, **poner en remojo** las lentejas.

**b.** ◯ **Escurrir** las lentejas y echarlas en una olla con agua caliente.

**c.** ◯ **Añadir** aceite, sal, laurel, cebolla, ajo, pimiento, tomate y un trozo de jamón.

**d.** ◯ **Cocer** todos los ingredientes a fuego lento.

**e.** ◯ Cuando las lentejas están listas, se puede **lavar** un poco de lechuga y un tomate.

**f.** ◯ La ensalada nos servirá de acompañamiento.

**g.** ◯ Para quien lo prefiera, las lentejas se pueden **triturar** en un sabroso puré.

**h.** ◯ Lo que sobra, se puede **congelar** para una próxima ocasión.

**4.10** Escribe la receta de tu plato preferido. Sigue como modelo la actividad 4.9.

### PEDIR Y DAR CONSEJOS (Textbook p. 119)

**4.11** **Lee el siguiente diálogo y elige la opción que tú responderías.**

> ➤ Últimamente no me concentro a la hora de estudiar. ¿Qué puedo hacer?

> ➤ ☐ **Tendrías que** ir a la biblioteca.
> ➤ ☐ **Deberías** descansar.
> ➤ ☐ **Te aconsejo** dormir más.
> ➤ ☐ **¿Por qué no** pruebas la jalea real?
> ➤ ☐ **Yo en tu lugar**, haría más deporte.

**4.12** **Lee el texto y aconseja a sus protagonistas. Utiliza, si es posible, un consejo diferente en cada estructura.**

### UNA FAMILIA PIDE AYUDA A LAS INSTITUCIONES PARA FRENAR LA OBESIDAD DE SU HIJO

**LA SALUD DEL PEQUEÑO, EN RIESGO.**

El pequeño Andresito apenas ha cumplido 9 años, pero ya pesa 70 kilos. Su familia no sabe qué hacer ante el problema de obesidad que sufre el hijo. El muchacho ha recibido durante estos años una dieta pobre en frutas y verduras y ha llevado una vida excesivamente sedentaria. "Nuestro hijo apenas hace ejercicio, está siempre viendo la tele o jugando a la consola", se lamenta la madre, que no ha sido consciente en estos años de estar dando una mala alimentación a su único hijo. "Nosotros no sabemos qué hacer, no entendemos mucho de lo que es sano y lo que no. Le dimos lo que le gustaba". Conscientes de sus limitaciones, pidieron ayuda a las autoridades, ante el riesgo de salud que corre Andresito por su sobrepeso.

**a.** Yo en su lugar ➡ ................................................................................................................................

**b.** Los padres deberían ➡ ...................................................................................................................

**c.** El niño podría ➡ ..............................................................................................................................

**d.** ¿Por qué no ➡ .............................................................................................................................?

**e.** ¿Y si ➡ ..........................................................................................................................................?

**4.13** **Habla con tu compañero. Elige una de estas situaciones y cuéntasela. Él debe reaccionar.**

**a.** Quieres irte de viaje el fin de semana, pero el lunes tienes un examen y no sabes qué hacer. Pide consejo a tu compañero.

**b.** Últimamente duermes poco, solo dos o tres horas. Pide consejo a tu compañero.

**c.** Necesitas ir a la secretaría de tu escuela y no sabes dónde está. Tu compañero sí lo sabe.

**d.** No sabes cómo mandar un sms desde tu celular nuevo. Pregunta a tu compañero.

PERMISOS Y FAVORES (Textbook p. 120)

**4.14** Observa las imágenes y relaciónalas con las preguntas.

**1.** ☐ ¿Podría cerrar este programa?

**2.** ☐ ¿Puedo pasar?

**3.** ☐ ¿Me dejas probarlo?

**4.** ☐ Quiero inscribirme en el curso, ¿es posible?

**5.** ☐ Necesito hacer una llamada, ¿te importa?

**6.** ☐ ¿Le importa si me pruebo esta blusa?

**4.15** Escribe una excusa para una de las frases anteriores.

Modelo: ¿Podría cerrar este programa? Es que necesito utilizar el ordenador.

**1.** ...............................................................................................................................................................

**2.** ...............................................................................................................................................................

**3.** ...............................................................................................................................................................

**4.** ...............................................................................................................................................................

**5.** ...............................................................................................................................................................

**6.** ...............................................................................................................................................................

**4.16** Pide permiso a tu compañero y él tiene que darlo o negarlo.

Modelo: – ¿Podría llegar este sábado tarde a casa? Es que es el cumpleaños de Sara.

       – ¡Por supuesto!

Al igual que el futuro, el **condicional simple** es un tiempo verbal que se forma con el infinitivo del verbo más la terminación, que es la misma para las tres conjugaciones de los verbos regulares e irregulares.

**4.17** **Completa el cuadro con las conjugaciones.**

|  | HABL**AR** | COM**ER** | VIV**IR** |
|---|---|---|---|
| Yo | hablaría |  |  |
| Tú |  | comerías |  |
| Él/ella/usted |  |  | viviría |
| Nosotros/as | hablaríamos |  |  |
| Vosotros/as |  |  | viviríais |
| Ellos/ellas/ustedes |  | comerían |  |

**4.18** **El condicional tiene los usos que aquí se detallan. Relaciónalos con los ejemplos dados.**

1. Expresar una acción futura con respecto a otra pasada.
2. Expresar una hipótesis o probabilidad en el pasado.
3. Dar un consejo o hacer sugerencias.
4. Expresar un deseo.
5. Expresar cortesía.

a. Qué raro, dijo que llegaría a las seis y son las siete.
b. Felipe no vino ayer a clase ¿qué pasaría?
c. Yo que tú, estudiaría para el examen.
d. Me encantaría viajar a París.
e. ¿Te importaría pasarme la sal, por favor?

**4.19** 🎧 **8** **A continuación vas a escuchar varios diálogos. Responde a las preguntas.**

| Diálogo 1 | Diálogo 2 | Diálogo 3 | Diálogo 4 | Diálogo 5 |
|---|---|---|---|---|
| Según la amiga, ¿qué debería hacer la mujer para sentirse mejor? | ¿Qué creen los dos jóvenes del diálogo que estaba haciendo Toño? | ¿Qué le gustaría hacer al primer joven que habla? | ¿Dónde están las personas de este diálogo? | ¿A qué se quería dedicar de mayor el primer hombre que habla? |
| ↓ | ↓ | ↓ | ↓ | ↓ |
|  |  |  |  |  |

**4.20** 🎧 8 Vuelve a escuchar la audición y decide qué uso de condicional se ha utilizado en cada caso.

| Diálogo 1 | Diálogo 2 | Diálogo 3 | Diálogo 4 | Diálogo 5 |
|-----------|-----------|-----------|-----------|-----------|
|           |           |           |           |           |

**4.21** Lee las siguientes situaciones y explica lo que pudo pasar formulando hipótesis. ¿Que pasaría? ¿Por qué?

a. Ayer hubo un incendio en una casa de tu barrio. ➡ .......................................................................................

b. Varias personas se manifestaron ante las puertas de parlamento. ➡ .............................................................

c. Cuando llegaste a la escuela, estaban las puertas cerradas. ➡ ......................................................................

d. Tu hermano tuvo un dolor muy fuerte de estómago toda la tarde. ➡ .............................................................

e. Tu amiga no contestó ayer a tus mensajes. ➡ ...............................................................................................

## 2. EL CONDICIONAL SIMPLE: VERBOS IRREGULARES (Textbook pp. 128-129)

Los **verbos irregulares** en condicional son los mismos que en el futuro de indicativo con sus correspondientes terminaciones:

| Pierden la vocal *e* | Pierden la vocal y aparece una *d* | Otros |
|----------------------|-----------------------------------|-------|
| querer ➡ **querría** | venir ➡ **vendría** | hacer ➡ **haría** |
| caber ➡ **cabría** | salir ➡ **saldría** | decir ➡ **diría** |
| saber ➡ **sabría** | poner ➡ **pondría** | |
| haber ➡ **habría** | tener ➡ **tendría** | |
| poder ➡ **podría** | valer ➡ **valdría** | |

**4.22** Estas personas nos cuentan lo que esperaban ser en la vida y lo que han sido finalmente. Completa con uno de los verbos irregulares del condicional.

### ÁNGELA

•••➤ Tenía muchos sueños, muchos; imaginaba que (a) ........................ un buen trabajo, que (b) ........................ tener una mansión. Sería una mujer independiente y (c) ........................ todo lo que quisiera. Pero a los veinte años me enamoré, me casé y dejé los estudios para ocuparme de la casa; nunca me lo perdonaré, nunca.

### LORENA

••▶ A mí, me gustaba pensar que un productor de cine (d) ..................... a buscarme y me (e) ..................... una oferta para trabajar de actriz que no (f) ..................... rechazar. Sería famosa, (g) ..................... en todas las revistas y las niñas (h) ..................... ser como yo. Con los años, fui a un casting y me di cuenta de que el cine no era lo mío. ¡Me daba mucha vergüenza hablar delante de una cámara!

### JAVIER

••▶ Mi familia pensaba que conmigo (i) ..................... un abogado más en la familia, como mi padre y mi hermano. (j) ..................... mi propio bufete y (k) ..................... muchos clientes prestigiosos. Yo mismo lo creí durante mucho tiempo, pero en un viaje a la India descubrí que podía ayudar de otra manera y desde entonces trabajo en Cooperación Internacional.

**4.23** **Imagina por un momento que eres Aladino y tienes en tus manos una lámpara maravillosa. ¿Qué deseos para tu futuro le pedirías al genio? Pero esta vez tienes más de tres.**

Modelo: *Me encantaría tener una familia muy grande.*

**a.** (Tu carrera) ➡ .........................................................................................................
**b.** (Amor) ➡ .........................................................................................................
**c.** (Familia) ➡ .........................................................................................................
**d.** (Propiedades) ➡ .........................................................................................................
**e.** (Amigos) ➡ .........................................................................................................
**f.** (El español) ➡ .........................................................................................................

**4.24** **Aquí tienes algunos malos ejemplos de cortesía. Seguro que puedes cambiarlos ayudado por el condicional.**

**a.** Oye, tú, cierra la puerta que entra frío. ➡ ...............................................................
**b.** Pásame la sal, anda. ➡ ...............................................................
**c.** Siéntate y calla. ➡ ...............................................................
**d.** Quítate de en medio que no veo nada. ➡ ...............................................................
**e.** Dame ese periódico que quiero leer. ➡ ...............................................................
**f.** Las tareas, para mañana. ➡ ...............................................................
**g.** ¿Dónde está la calle del Pez? ➡ ...............................................................

# D. DESTREZAS

## LECTURA

### ■ Antes de leer

**4.25** **A pesar de saber que no es buena para la salud, la comida basura sigue estando muy presente en las dietas del mundo occidental. ¿Qué factores crees que contribuyen a su popularidad? Escribe al menos uno.**

.......................................................................................................................................................

### ■ Leer

**4.26** **Lee el texto.**

#### ¿POR QUÉ ES MALA LA COMIDA BASURA?

•••▶ ¿Según un estudio publicado recientemente por la Unión Europea sobre hábitos de vida y salud, para los europeos comer sano significa comer variado y equilibrado. Sin embargo, uno de cada cuatro jóvenes de 15 a 24 años reconoce que su alimentación habitual no es saludable. Los motivos, según los encuestados, son la falta de tiempo para cocinar y la necesidad de comer fuera de casa, pero también que los alimentos sanos son poco atractivos.

También hay otros factores como el aumento de las cadenas de comida rápida: hamburgueserías, pizzerías, loncherías, etc., que, generalmente, resultan más económicas. En los supermercados también cada vez hay más comida precocinada, que es una opción muy cómoda y fácil para las familias, pero no la más saludable. A este tipo de comida se le conoce por *comida basura*, pero, ¿por qué es mala la comida basura?

El principal problema de la comida basura es que tiene muchas calorías y se prepara con aceites de poca calidad y un exceso de grasas, colorantes y conservadores artificiales que no son nada buenos para nuestro organismo. Los expertos en nutrición aconsejan no comer este tipo de alimentos más de una vez a la semana, sobre todo si no se hace ejercicio físico.

Para los especialistas en nutrición comer sano, además de comer variado y equilibrado, significa hacer cinco comidas al día: tres comidas principales (desayuno, comida y cena) y dos intermedias (almuerzo y merienda). La cantidad depende de las calorías que tiene cada alimento. Por ejemplo, un croissant tiene las mismas calorías que dos tostadas con mantequilla y un zumo de naranja. La segunda opción es más saludable porque aporta más vitaminas, fibra y menos grasas saturadas.

El número de calorías que debemos comer depende de la edad, el sexo y la actividad física que se realiza. Un joven entre 14 y 18 años debería comer al día entre 2000 y 2200 calorías si es mujer, y entre 2000 y 2400 si es hombre. Un dato: una hamburguesa, patatas fritas y Coca-Cola equivalen a 919, ¡casi la mitad de las calorías de un día! Pero para llevar una vida saludable no hay que contar las calorías de todo lo que comemos, simplemente hay, como dijeron los jóvenes encuestados, que comer variado y equilibrado y hacer ejercicio físico diariamente. Si cuidamos nuestra alimentación desde jóvenes, podemos evitar muchas enfermedades ahora y en el futuro.

# D. DESTREZAS

**4.27** **Completa las frases con la palabra adecuada.**

a. Uno de cada cuatro jóvenes europeos piensa que su dieta no es ..................... .

b. La comida rápida resulta por lo general más ..................... que la cocina tradicional.

c. Uno de los problemas de la comida basura es que se elabora con ..................... de poca calidad.

d. Lo ideal es que una persona haga ..................... comidas al día.

e. Para llevar una vida sana es preciso ..................... y hacer deporte todos los días.

## ESCRITURA

■ Antes de escribir

**4.28** **Explica a tu compañero tus hábitos de lectura. ¿Qué tipos de texto lees a diario? ¿Lees revistas, noticias y artículos en Internet, periódicos, novelas? ¿En qué crees que te ayuda leer?**

> **ESTRATEGIA DE ESCRITURA: REUTILIZAR EL VOCABULARIO NUEVO**
>
> Si hemos aprendido alguna palabra o tiempo nuevo, podemos incorporarla a algún texto escrito que tengamos que hacer para asimilarla y utilizarla en diferentes contextos.

■ Escribir

**4.29** **Escribe sobre la última novela que leíste. Comenta su argumento y también si te gustó o no. Anota también si hay algún libro más que te gustaría leer.**

.........................................................................................................................................................

.........................................................................................................................................................

.........................................................................................................................................................

.........................................................................................................................................................

.........................................................................................................................................................

.........................................................................................................................................................

■ Después de escribir

**4.30** **Revisa los siguientes aspectos de escrito:**

- La ortografía: atención a las palabras con *x* e *y*.
- Precisión gramatical: la estructura de las oraciones, uso de vocabulario y concordancia verbal. Atención al uso de los pasados.
- Coherencia de ideas y organización de la información.

# D. DESTREZAS

## DISCURSO

**4.31** Cuando tienes algún problema que te preocupa, ¿a quién pides consejo? Coméntalo con tu compañero.

**4.32** Hoy te has convertido en el consejero de tus amigos y familiares. Todos vienen a ti para pedirte consejo sobre sus problemas. Ayúdalos con al menos dos consejos. Utiliza las estructuras estudiadas en esta unidad.

### ESTRATEGIA DE PRESENTACIÓN ORAL: APORTAR EJEMPLOS EN EL DISCURSO

Cuando no sabes cómo se dice exactamente una palabra o quieres que tu discurso sea más ameno e interesante, intenta explicar lo que quieres decir con algunos ejemplos. Esto permitirá que tu interlocutor comprenda mejor tu mensaje.

Tu mejor amigo/a fue rechazado por el/la muchacho/a que le gusta.

Tu hermano de 15 años quiere consejo sobre qué deporte practicar.

**Consejero**

Tu madre no sabe qué preparar para celebrar el cumpleaños de la abuela.

Un compañero de clase no sabe qué hacer para mejorar su español.

## FONÉTICA Y ORTOGRAFÍA

### ■ Las letras y y x

- A la letra **y** le corresponden dos sonidos: uno como vocal, igual que la /i/, y otro como consonante: *ley* (vocal) / *leyó* (consonante).

**4.33** Clasifica estas palabras dependiendo del sonido.

| ayudar • escayola • muy • subrayar • Uruguay • rayo • buey • soy • ayuntamiento • hay |
|---|

– Suena como vocal: ...........................................................................................................................

– Suena como consonante: ...............................................................................................................

- La letra **x** se usa en lugar de la *s* antes de las consonantes *pl* y *pr*.
- También llevan *x* las palabras que empiezan por los prefijos *ex-*, *extra-*.

**4.34** 🎧 9 **¿Con *s* o con *x*? Escucha y escribe.**

**a.** esclavo     **c.** estirar     **e.** existir     **g.** extranjero     **i.** escuchar

**b.** expresión     **d.** extraordinario     **f.** escarola     **h.** explicar     **j.** expatriado

# E. CULTURA

## PRODUCTOS Y SABORES LATINOAMERICANOS

**4.35** En esta lista de productos hay cinco que tienen origen americano. ¿Sabrías identificarlos?

**ANCHOAS**   **CAFÉ**   **MAÍZ**   **MATE**

**TOMATE**   **LIMÓN**   **CHILE**   **AZÚCAR**

**CACAO**   **MIEL**   **ACEITUNA**   **MELÓN**

**4.36** Uno de los productos más populares de Latinoamérica es el chile (ají) en sus diferentes versiones. Comenta con tus compañeros en qué platos de tu dieta diaria lo sueles tomar.

**4.37** Observa la siguiente frase: "*Ponga un poco de picante en su vida*". ¿Por qué crees que podría ser bueno un poco de picante? Coméntalo con tus compañeros.

••►Los chiles, guindillas o ajíes provienen de Latinoamérica y están en su tradición culinaria. Los podemos ver en un gran número de platillos cocinados de diferentes maneras: fritos, crudos, cocidos, en salsa, etc. ¿Por qué son picosos? Por una sustancia llamada capsaicina que según su concentración les hace más o menos picosos. Existe una escala para medir su picor: la escala Scoville.

Hay muchísimos tipos de chiles con colores, formas y sabores diferentes. Uno de los más conocidos es el **habanero**, que puede ser de varios colores dependiendo de su madurez (verde cuando está inmaduro). Es redondeado y mucho más picoso que el **jalapeño**. Este último se llama también Xalapa, debido a la región de Veracruz donde se produce. No es muy picoso, lo justo, y es un poco alargado y verde. Cuando el jalapeño se seca, se le llama **chipotle** que es un ingrediente común en la comida mexicana.

Tampoco es muy picoso, pero si se compara con los secos es uno de los más picosos. Su piel está arrugada y su color es café oscuro. Un poco más picoso que el jalapeño es el **serrano**. Se llama así por el lugar donde se cultiva, aunque también se conoce como chile verde. Es puntiagudo y verde, aunque depende de la maduración también puede ser rojo. Otro tipo es el **pasilla**: se come seco, es casi negro, alargado y arrugado. No es picoso y da al platillo un sabor muy interesante. También está el **pimiento**, que no es nada picoso.

Los chiles tienen muchas propiedades beneficiosas para nuestra salud. Son un alimento rico en vitaminas A y C, hierro y magnesio. Favorecen el consumo de calorías, previenen gripes y reducen el riesgo de ataque

cardiaco por sus efectos anticoagulantes. Tienen cualidades antioxidantes que retrasan el envejecimiento. Además, la capsaicina, componente de los chiles, tiene propiedades antiinflamatorias. Diversas investigaciones les atribuyen propiedades que reducen el riesgo de padecer cáncer. La capsaicina tiene un efecto irritante que hace que el cerebro libere endorfinas, los analgésicos naturales causantes del buen humor o la euforia.

**4.38** **Responde ahora a las preguntas.**

**a.** ¿Cuántos tipos de chiles se mencionan en el texto?

........................................................................................................................

**b.** De acuerdo con las características que se mencionan en el texto, identifica los tipos de chiles con las imágenes.

**c.** ¿Cuál de estas propiedades no se menciona en el texto?
- Previenen las gripes.
- Tienen vitaminas A y C así como hierro y magnesio.
- Tienen efectos anticoagulantes y propiedades antiinflamatorias.
- Favorecen el tránsito intestinal.
- Retrasan el envejecimiento.
- Reducen el riesgo de cáncer.
- Favorecen el buen humor.

**4.39** **El chile puede ser picante. Vuelve a mirar los alimentos del ejercicio 4.35 y clasifícalos en esta tabla. Con tu compañero, añade otros productos en las diferentes categorías.**

| Picante | Dulce | Salado | Ácido | Amargo |
|---------|-------|--------|-------|--------|
|         |       |        |       |        |
|         |       |        |       |        |
|         |       |        |       |        |
|         |       |        |       |        |

# COMPROMISO POR UN MUNDO MEJOR

## A. VOCABULARIO

### LAS ONG Y EL VOLUNTARIADO (Textbook pp. 150-152)

**5.1** **Los voluntarios realizan muchas actividades en diferentes ámbitos. Relaciona cada ámbito con sus responsabilidades.**

**1.** Investigación.

**2.** Información y sensibilización.

**3.** Orientación y asesoramiento.

**4.** Formación.

**5.** Reivindicación y denuncia.

**6.** Captación de fondos y recursos.

**7.** Apoyo y asistencia directa.

**a.** Recoge datos y testimonios sobre una determinada situación, un territorio, una comunidad o un sector social, en torno a problemas o necesidades concretas.

**b.** Difunden, dando a conocer situaciones, necesidades, problemas, despertando y movilizando la conciencia de otras personas.

**c.** Escuchan y atienden consultas, prestando apoyo y facilitando información a personas o colectivos en situación de necesidad.

**d.** Educan en valores, capacitando en habilidades sociales, hábitos de salud, habilidades profesionales, etc., a personas y colectivos sociales.

**e.** Reclaman derechos y señalan irregularidades o injusticias.

**f.** Recogen y canalizan dinero, medios materiales, recursos técnicos necesarios para el desarrollo de proyectos solidarios o la atención a situaciones de emergencia.

**g.** Atienden a personas en situación de necesidad como enfermos de sida, toxicómanos, ancianos solos, mujeres maltratadas, transeúntes, sin techo…

**5.2** **Decide ahora si los ámbitos descritos son correctos (C) y tienen relación con la definición. En caso contrario, marca la casilla de incorrecto (I) y corrige la definición.**

|  | C | I |
|---|---|---|
| **a. Social.** Muchas personas voluntarias trabajan en el apoyo a personas y colectivos socialmente excluidos. | ☐ | ☐ |
| **b. Cultural.** Se organizan conciertos que son caros pero se trata de ayudar a los cantantes. | ☐ | ☐ |
| **c. Educativo.** Muchas personas voluntarias trabajan en la alfabetización y educación de personas adultas. | ☐ | ☐ |
| **d. Medioambiente.** Muchas persona voluntarias trabajan para mejorar la decoración de las viviendas y mejorar así el medioambiente. | ☐ | ☐ |
| **e. Salud.** Los voluntarios trabajan en el desarrollo de hábitos de vida saludable. | ☐ | ☐ |

**f. Derechos Humanos.** Muchas personas
voluntarias trabajan en la denuncia de injusticias.

**g. Cooperación Internacional.** Empresas que
se dedican al comercio internacional para
enriquecer a sus dueños.

**5.3** 🎧 **10** Hay otras asociaciones que luchan por los derechos humanos. Escucha cómo se conocieron las primeras catorce **Madres de la Plaza de Mayo** y contesta a las preguntas que se hacen a continuación.

En Argentina, en marzo de 1976 hubo un golpe militar que lanzó implacable persecución y captura de militantes políticos, activistas sociales y ciudadanos que ejercían sus derechos constitucionales, que fueron eliminados sin saber aún hoy su paradero: los desaparecidos. En medio del horror hubo un grupo de madres y abuelas que fueron las únicas que empezaron a escucharse. Se agruparon y constituyeron en lo que hoy se llaman "las madres de Plaza de Mayo" para reclamar por sus hijos y nietos desaparecidos.

**a.** ¿Cuándo surgió la idea de juntarse?

**b.** ¿Por qué decidieron unirse?

**c.** ¿Cómo se llamaba el general que presidía la Junta Militar en aquel momento?

**d.** ¿Por qué eligieron reunirse en la Plaza de Mayo?

**5.4** Reflexiona unos minutos y toma notas. Después, reúnete con tu compañero/a y comparen sus prioridades.

**¿Qué es para ti...?**
• lo más importante de esta vida es/son...
• lo más conflictivo de la industria es/son...
• lo más urgente en mi ciudad es/son...
• lo más grave en el mundo es/son...
• lo mejor del reciclaje es/son...
• lo peor de los zoológicos es/son...
• lo más interesante de las ONG es/son...
• lo más necesario en mi país ahora es/son...

**5.5** Lee este texto de un voluntario en un zoológico. En él aparecen mencionados los nombres de diversos animales. En español son muy habituales las expresiones idiomáticas en las que aparecen nombres de animales. Completa las expresiones con los animales del texto y relaciónalas con su definición.

### LOS ANIMALES SON MI VIDA Y MI FUENTE DE INSPIRACIÓN

•••▶ Ernesto recuerda que cuando tenía tres años, su abuelo José Ortiz Tamariz le llevaba con frecuencia a la finca familiar en Rayoloma, en cuyos espacios, naturalmente ricos, se deleitaba con **caballos**, **burros**, **vacas** y **mulas**. Además de los **pájaros**, era común cruzarse con los **perros** y **gatos**. Él cree que el gusto por los animales se lo trasmitió su abuelo.

Desde los ocho años Arbeláez les pedía a sus padres que en lugar de juguetes le regalaran animales o libros. No dejaba de leer sobre animales, cada día le gustaba más y poco a poco fue descubriendo lo que quería en su vida.

Con los años esa afición por los animales se desarrolló con **anfibios**, **reptiles**, **arácnidos** o nuevas especies. A los 17 años se volcó en firme hacia lo suyo. Viajó a Arcansas, Estados Unidos, para trabajar como voluntario por cinco meses en Reptil House, un zoológico del lugar donde cuidó y monitoreó la reproducción de **serpientes cascabeles**.

Al regreso, uno de sus más importantes sueños se encaramó gracias a aquella experiencia. Habilitó un espacio en su casa con las condiciones idóneas para preservar a 30 variedades de **iguanas** y **tortugas**, tres variedades de serpientes y más de **peces**. Desde esa época, cuando tenía 18 años, los animales se transformaron en su prioridad. Siguió la carrera de biología en la Universidad del Azuay.

Sin embargo, fue antes de terminarla, en 2001, en el segundo año, que entró como voluntario en el zoológico Amaru, inaugurado el 30 de octubre de 2002. Hoy, después de siete años, el zoológico tiene 400 metros cuadrados y allí habitan 110 especies entre anfibios, aves, reptiles, invertebrados, arácnidos y peces. Un equipo de biólogos voluntarios, encabezado por él, administra el lugar que diariamente recibe a decenas de visitantes de todas las edades.

Adaptado de http://www.eltiempo.com.ec

1. A caballo regalado no le mires el diente.
2. Trabajar como un burro.
3. Ser más terco que una mula.
4. Tener pájaros en la cabeza.
5. Llevar una vida de perros.
6. Buscarle tres pies al gato.
7. Hablar como un loro.

a. Hablar mucho, mucho, mucho.
b. Complicar sin necesidad una situación.
c. Si nos hacen un regalo, no debemos criticarlo.
d. Trabajar duramente, sin descanso.
e. Ser una persona sin sentido común.
f. Se dice de las personas que son muy obstinadas y cabezotas.
g. Tener una vida desgraciada y con grandes dificultades.

## B. AMPLIACIÓN DE VOCABULARIO

### LAS ONG Y EL MEDIOAMBIENTE

**5.6** Miren estas fotos y digan qué les sugieren. Después, anoten todas las palabras que hayan surgido en la conversación.

**5.7** Escribe una frase sobre **cada** una de las imágenes anteriores, según las ideas que han comentado.

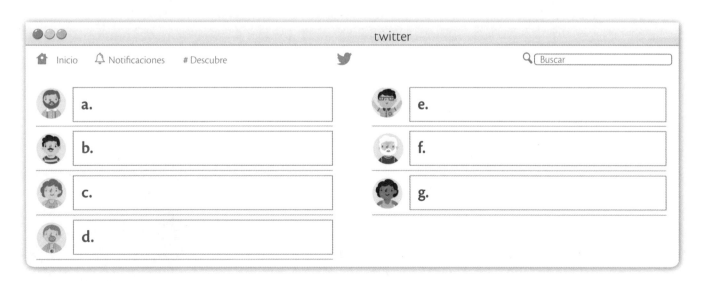

# C. GRAMÁTICA

## 1. EL PRESENTE DEL SUBJUNTIVO DE LOS VERBOS REGULARES (Textbook p. 153)

El presente de subjuntivo regular se forma con las siguientes terminaciones:

|  | HABL**AR** | COM**ER** | VIV**IR** |
|---|---|---|---|
| Yo | habl**e** | com**a** | viv**a** |
| Tú | habl**es** | com**as** | viv**as** |
| Él/ella/usted | habl**e** | com**a** | viv**a** |
| Nosotros/as | habl**emos** | com**amos** | viv**amos** |
| Vosotros/as | habl**éis** | com**áis** | viv**áis** |
| Ellos/ellas/ustedes | habl**en** | com**an** | viv**an** |

- Las formas del presente del subjuntivo son muy parecidas a las del presente de indicativo; solo se trata de cambiar la terminación:

  – *mejor**as*** ➡ *mejor**es***          – *corr**en*** ➡ *corr**an***          – *cumpl**es*** ➡ *cumpl**as***

  > *****España:** *Vosotros/as habléis, comáis, viváis.*

  > *****Argentina:** *Ustedes hablen, coman, vivan.*

**5.8** **Ahora que tienes claro que el presente de subjuntivo y el presente de indicativo se parecen, completa la siguiente lista.**

| presente **subjuntivo** | presente **indicativo** |  | presente **subjuntivo** | presente **indicativo** |
|---|---|---|---|---|
| mejores |  |  | pronuncies |  |
| cumplas |  |  | compres |  |
| pases | pasa |  | aproveche |  |
| guste |  |  | limpies | limpias |
| llames |  |  | prohibas |  |
| estudies |  |  | escuches |  |

**5.9** **Completa con los verbos correctos en subjuntivo.**

**a.** Tienes 39 °C de fiebre. Espero que ............................... (mejorar, tú) pronto.

**b.** Ojalá ............................... (cumplir, ustedes) con todas vuestras obligaciones.

**c.** Quiero que ............................... (llamar, él) para ver si vamos al cine.

**d.** Juan no quiere que ............................... (estudiar, nosotros) en la biblioteca.

**e.** Mi madre desea que ............................... (comprar, yo) libros pero yo prefiero comprar música.

**5.10** Estas frases las dijo Tarzán que, como sabes, hablaba en infinitivo porque no conocía bien el idioma. Transforma las frases utilizando el presente del subjuntivo.

**a.** Yo querer hablar nosotros. ➡ ..................................................................................................

**b.** Yo querer tú escuchar a mí. ➡ ..............................................................................................

**c.** Jane, yo esperar tú vivir conmigo. ➡ ..................................................................................

**d.** Ojalá acabar yo hoy construir esta casa en un árbol. ➡ ...............................................

**e.** Espero tú Jane bajar bien del árbol. ➡ ...............................................................................

## 2. EL PRESENTE DE SUBJUNTIVO DE LOS VERBOS IRREGULARES (Textbook pp. 154-157)

### IRREGULARIDADES VOCÁLICAS

| o > ue | | e > ie | | e > i | |
|---|---|---|---|---|---|
| presente **indicativo** | presente **subjuntivo** | presente **indicativo** | presente **subjuntivo** | presente **indicativo** | presente **subjuntivo** |
| sueño | sueñe | pienso | piense | pido | pida |
| sueñas | sueñes | piensas | pienses | pides | pidas |
| sueña | sueñe | piensa | piense | pide | pida |
| soñamos | soñemos | pensamos | pensemos | pedimos | pidamos |
| soñáis | soñéis | pensáis | penséis | pedís | pidáis |
| sueñan | sueñen | piensan | piensen | piden | pidan |

### IRREGULARIDADES CONSONÁNTICAS

Los verbos que tienen irregularidades consonánticas en la primera persona del singular del presente de indicativo, en subjuntivo las mantienen en todas las personas:

| SALIR | subjuntivo | TENER | subjuntivo | CONOCER | subjuntivo |
|---|---|---|---|---|---|
| **salg**o ➡ | **salg**a | **teng**o ➡ | **teng**a | **conozc**o ➡ | **conozc**a |
| sales | **salg**as | tienes | **teng**as | conoces | **conozc**as |
| sale | **salg**a | tiene | **teng**a | conoce | **conozc**a |
| salimos | **salg**amos | tenemos | **teng**amos | conocemos | **conozc**amos |
| salís | **salg**áis | tenéis | **teng**áis | conocéis | **conozc**áis |
| salen | **salg**an | tienen | **teng**an | conocen | **conozc**an |

### IRREGULARIDADES PROPIAS

| SER | subjuntivo | HABER | subjuntivo | DAR | subjuntivo |
|---|---|---|---|---|---|
| soy | sea | he | haya | doy | dé |
| eres | seas | has | hayas | das | des |
| es | sea | ha | haya | da | dé |
| somos | seamos | hemos | hayamos | damos | demos |
| sois | seáis | habéis | hayáis | dais | deis |
| son | sean | han | hayan | dan | den |

**5.11** **Completa la siguiente tabla de verbos irregulares en presente de subjuntivo.**

| | 1.ª persona singular | 1.ª persona plural | 3.ª persona singular | 3.ª persona plural |
|---|---|---|---|---|
| **a.** poder | | | | |
| **b.** querer | | | | |
| **c.** traer | | | | |
| **d.** repetir | | | | |
| **e.** pedir | | | | |
| **f.** decir | | | | |
| **g.** pensar | | | | |
| **h.** salir | | | | |

**5.12** **Completa el siguiente crucigrama con las formas del presente de subjuntivo y descubre el nombre de una película de Pedro Almodóvar, un famoso director de cine español.**

**1.** Llamar, 3.ª persona del plural.

**2.** Amanecer, 3.ª persona del singular.

**3.** Volar, 3.ª persona del plural.

**4.** Saber, 3.ª persona del plural.

**5.** Haber, 2.ª persona del singular.

**6.** Decir, 2.ª persona del singular.

**7.** Entender, 3.ª persona del singular.

**8.** Colgar, 3.ª persona del plural.

**9.** Pedir, 1.ª persona del plural.

**10.** Soñar, 1.ª persona del singular.

**11.** Salir, 3.ª persona del plural.

**12.** Cerrar, 2.ª persona del singular.

**13.** Conocer, 1.ª persona del plural.

Título de la película ➡ ........................................................................................................................

**5.13** Lee el diálogo y completa con verbos en subjuntivo.

➤ Oye, Luis, ¿cuándo son tus exámenes?

▷ Son la semana que viene.

➤ ¿Estás bien preparado?

▷ En Literatura y en Latín, sí, espero que me ................................ (ir) bien.

➤ ¿Y en las demás?

▷ Más o menos...

➤ ¿Quieres que te ................................ (ayudar) con el español?

▷ No, gracias, en esa voy bastante bien.

➤ Pues, entonces que ................................ ( tener, tú) suerte.

▷ Ojalá, ya te contaré.

**5.14** Con tu compañero, creen un diálogo similar al anterior. Luego, represéntenlo delante de la clase.

---

## EXPRESAR DESEOS (Textbook p. 147)

Para expresar deseo, en español puedes decir:

- **Que** + verbo en subjuntivo:
  - – **Que** tengas suerte.
  - – **Que** te la pases bien.

- **Ojalá** + subjuntivo:
  - – **Ojalá** mañana haga buen tiempo.
  - – **Ojalá** nos saquemos la lotería.
  - – **Ojalá** venga Martha.

> En lenguaje popular se intercala a veces *que*: **Ojalá que** no llueva.

- Cuando introducimos la frase con un verbo principal (*querer, desear, esperar…*), pondremos el verbo subordinado en subjuntivo si el sujeto es diferente, y en infinitivo si es el mismo sujeto.

> **Fíjate:**
> – *Espero (yo) que vayas (tú).* ➡ – *Espero (yo) ir (yo).*
> – *Carmen (ella) desea que cantes (tú).* ➡ – *Carmen (ella) desea cantar (ella).*
> – *Queremos (nosotros) que nos escriban (ellos).* ➡ – *Queremos (nosotros) escribirles (nosotros a ellos).*

**5.15** **Transforma las siguientes frases.**

**a.** Mañana lloverá. ➡ Ojalá...

**b.** Juan está contento. ➡ Espero que...

**c.** Llegarán más tarde. ➡ Quiero que...

**d.** Tienen tiempo. ➡ Esperamos que...

**e.** Irás a verle. ➡ Ojalá...

**f.** Tienes razón. ➡ Deseo que...

**g.** Cenaremos en mi departamento. ➡ Quiere que...

**h.** Estamos equivocados. ➡ Ojalá...

**i.** Lo harán luego. ➡ Quiere que...

**j.** Vendrá el lunes. ➡ Ojalá...

**5.16** **Seguro que cuando eras pequeño leías cuentos antes de dormir. ¿Recuerdas qué deseos tenían los personajes de algunos de los cuentos clásicos? Elige el verbo adecuado y escríbelo en la forma correcta del subjuntivo.**

> morder • crecer • enamorarse • casarse • comerse • llevarse • transformarse • ser
> encontrarse • convertirse • despertarse

**a.** La madrastra de *Cenicienta*: ¡Ojalá el príncipe ..................... de una de mis hijas!

**b.** La gente de *Hamelín*: ¡Ojalá el flautista ..................... a todas las ratas fuera del pueblo!

**c.** El príncipe de *La Bella Durmiente*: ¡Ojalá ..................... esta bella joven con mi beso!

**d.** *Pinocho*: ¡Ojalá ..................... en un niño de verdad!

**e.** La reina malvada de *Blancanieves*: ¡Ojalá ..................... la manzana!

**f.** El lobo de *Los Tres Cerditos*: ¡Ojalá ..................... a estos cerditos tan sabrosos!

**g.** *Caperucita Roja*: ¡Ojalá no ..................... con el lobo en el bosque!

**h.** *Peter Pan*: ¡Ojalá no ..................... nunca y ..................... un niño para siempre!

**i.** *La Bestia*: ¡Ojalá Bella ..................... conmigo!

**j.** *El Patito Feo*: ¡Ojalá ..................... en un pato muy hermoso!

**5.17** **Escribe los deseos de otros personajes. No olvides usar la estructura *ojalá* + subjuntivo.**

**a.** El lobo de Caperucita: ......................

**b.** Bella: ......................

**c.** Los siete enanitos: ......................

**d.** Cenicienta: ......................

**e.** El flautista de Hamelín: ......................

# D. DESTREZAS

## LECTURA

### ■ Antes de leer

**5.18** **Contesta a las siguientes preguntas.**

- ¿Has estado alguna vez en un zoológico?
- ¿Te parece que aquí maltratan a los animales?
- ¿Ha cambiado últimamente el concepto de zoológico?
- ¿Qué se podría hacer para proteger a los animales?

#### ESTRATEGIA DE LECTURA: VELOCIDAD DE LECTURA

Lo ideal para agilizar la lectura es aprender a leer bloque por bloque de palabras. De esta forma podrás acelerar la velocidad de lectura. Fíjate en esta oración: *Las frases están compuestas por lertas y palarbas.* Aunque hay dos errores de ortografía, si lees rápidamente no los vas a percibir porque estás acostumbrado a leer el bloque entero de cada palabra. En las frases ocurre exactamente igual.

### ■ Leer

**5.19** **Lee el texto rápidamente y haz la actividad 5.20.**

#### EL ZOOLÓGICO DE CHAPULTEPEC

•••▶ El zoológico de Chapultepec es uno de los zoológicos más grandes de México y Latinoamérica, y se encuentra ubicado en la primera sección del bosque de Chapultepec, dentro de la Ciudad de México.

El zoológico tiene un área de 17 hectáreas y fue fundado por el biólogo Alfonso Luis Herrera el 6 de julio de 1923, contando con tan solo 243 animales. Sin embargo, fue remodelado en 1992 abriendo sus puertas nuevamente al público el 1 de agosto de 1994, ampliando sus exhibidores y consiguiendo a través de intercambios nuevas especies.

El zoológico está dividido en 7 áreas que puedes visitar: desierto, pastizales, franja costera, tundra, aviario, bosque templado y bosque tropical. A través de dichas zonas, brinda a los visitantes mexicanos y extranjeros la oportunidad de observar y admirar la riqueza natural de la fauna nativa de México, así como de otras regiones del mundo.

Actualmente, el zoológico de Chapultepec cuenta con una población de alrededor de 1800 animales de 250 diferentes especies de todo el mundo, convirtiéndose en el zoológico más visitado de México y el segundo más grande después del zoológico de Guadalajara. Destaca un sin número de especies endémicas (que solo existen en México) como el lobo mexicano y el teporingo o conejo de los volcanes. También destaca la variada colección de especies de diversas partes del mundo y que se encuentran en grave peligro de extinción, como son el panda gigante, el gorila de tierras bajas, el oso de antifaz y muchos otros que están esperando que los visites.

Adaptado de http://zoochapultepec.webcindario.com/

### ■ Después de leer

**5.20** **Elige la opción correcta.**

**a.** El zoológico de Chapultepec es uno de los más grandes **del mundo / de Latinoamérica**.

**b.** Abrió sus puertas por primera vez en **1923 / 1994**.

**c.** Aquí se puede ver la fauna nativa **de México / de México y de otras regiones del mundo**.

**d.** El zoológico de Chapultepec es **el más grande de México / el segundo más grande de México**.

# D. DESTREZAS

## ESCRITURA

### ■ Antes de escribir

---

**ESTRATEGIA DE ESCRITURA: ORGANIZAR EL TEXTO**

Cuando tienes que escribir un texto, dedica tiempo a buscar las ideas que quieres tratar y organízalas siguiendo el orden según la tipología textual que quieres utilizar.

---

**5.21** **Ordena las siguientes ideas para escribir un texto.**

- ☐ saludar
- ☐ decirle que tú ya entregaste el proyecto
- ☐ todavía no has recibido respuesta del proyecto
- ☐ decirle que si todo sale bien piensa casarse
- ☐ decirle si ya ha hecho la inscripción en la universidad
- ☐ despedirse
- ☐ preguntarse si estuvo tranquilo
- ☐ preguntar por el examen que hizo para entrar en la universidad

### ■ Escribir

**5.22** **Lee el correo que te escribe tu amigo y respóndele. No olvides expresar tus buenos deseos para su futuro.**

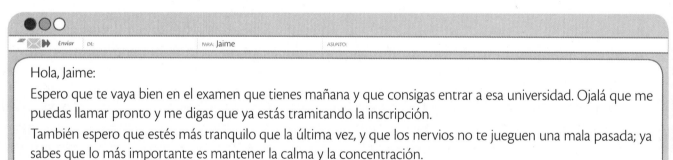

Enviar   DE:   PARA: Jaime   ASUNTO:

Hola, Jaime:

Espero que te vaya bien en el examen que tienes mañana y que consigas entrar a esa universidad. Ojalá que me puedas llamar pronto y me digas que ya estás tramitando la inscripción.

También espero que estés más tranquilo que la última vez, y que los nervios no te jueguen una mala pasada; ya sabes que lo más importante es mantener la calma y la concentración.

De mí, poco te puedo contar; solo que entregué hace unos días mi proyecto de tesis al profesor, pero todavía no he recibido respuesta, y que posiblemente me operarán el mes que viene de la rodilla, ya sabes: mi pasión por el futbol.

Pero hay más; si todo sale bien y encuentro trabajo en alguna academia, y Martha termina la carrera este año, nos compraremos un depa y el año que viene nos casaremos. ¿Qué te parece? Esto sí que es una noticia.

### ■ Después de escribir

**5.23** **Revisa los siguientes aspectos de tu correo:**

- La ortografía.
- Que aparecen todas las ideas que querías contar.
- Que están organizadas coherentemente.

# D. DESTREZAS

## DISCURSO

### Estrategia de presentación oral: Hacer un mapa mental

Para hacer una presentación, puede servirte trabajar con mapas mentales. Un mapa mental es un método para que puedas tener claras las ideas y para que no olvides nada de lo que quieres decir. Para realizar un mapa mental, coloca en el centro la palabra clave que representa el tema del que quieres hablar y, de ahí, ve sacando ideas que se conectan con otras palabras clave que nos surgen a medida que nos preguntamos.

**5.24** Imagina que mañana tienes que hacer una presentación sobre la necesidad de que todos participen en un voluntariado para acompañar a ancianos los sábados durante seis meses. Te ayudamos un poco con un mapa mental. Puedes agregar más argumentos.

## FONÉTICA Y ORTOGRAFÍA

### ■ Diptongos e hiatos. Acentuación

**Diptongos:**
- Si los diptongos están formados por una vocal abierta (*a, e, o*) y una cerrada (*i, u*), lleva tilde la vocal abierta. Ejemplo: *tomáis*.
- Si los diptongos están formados por dos vocales cerradas, lleva tilde la segunda vocal. Ejemplo: *siéntate*.

**Hiatos:**
- Si un hiato está formado por una vocal abierta (*a, e, o*) átona y otra vocal cerrada (*i, u*) tónica, siempre lleva tilde la vocal cerrada tónica. Ejemplo: *lío*.
- Tanto los diptongos como los hiatos siguen las normas generales de acentuación.

**5.25** Coloca la tilde si corresponde en las siguientes palabras que tienen hiatos y diptongos.

**a.** salgais          **b.** cabeis          **c.** empiezan          **d.** poseen          **e.** rehen

**5.26** Aquí tienes una lista de alimentos. Indica los que tengan un diptongo y un hiato.

aguacate          maíz          zanahoria          sandía          aceite

cacao          vainilla          pimiento          cereales          huevo

# E. CULTURA

## EL COMERCIO JUSTO

**5.27** ¿Qué crees que quiere decir "comercio justo"? ¿A qué tipo de comercio se refiere? ¿De qué se ocupa la organización *Comercio Justo México A.C.*? ¿Conoces otras semejantes?

**5.28** Lee el siguiente texto y comprueba tus hipótesis.

### UNA OPORTUNIDAD DE EMPLEO COMERCIALIZANDO PRODUCTOS DE COMERCIO JUSTO

>> **Un modelo económico que fomenta una vinculación directa entre pequeños productores y consumidores y contribuye a la construcción de un modelo de desarrollo sostenible y solidario.**

El comercio justo es un comercio diferente al mercado convencional, que se basa en la **justicia social**, **calidad de producto** y el cuidado de la naturaleza. En el comercio justo, los productores obtienen un **ingreso digno** y estable para su desarrollo económico. Por otro lado, los consumidores reciben un producto de calidad certificada, elaborado con respeto a la salud y cuidado a la naturaleza.

Las principales características del comercio justo son:

- Los productos provienen de **pequeños productores** organizados.
- Los precios cubren los costos de una producción sustentable.
- Se establecen compromisos de *largo plazo* entre los productores y las empresas del mercado.
- El mercado debe pagar oportunamente a los productores para que no sean obligados a **malvender** a los intermediarios.
- Con el sello de "Comercio Justo", al consumidor se le garantiza la calidad, el origen y la **sustentabilidad** de los productos.

Su origen se remonta a finales de la Segunda Guerra Mundial, donde clientes solidarios empezaron a comprar productos artesanales, miel y otros productos de los países más desfavorecidos. Fue un importante inicio de un mercado solidario. Actualmente son más de 21 países donde se lleva a cabo la venta de estos productos, entre ellos México.

En septiembre de 1999 se constituyó en México el «Comercio Justo México, A.C.», donde un grupo de organizaciones y redes de pequeños productores y de organismos se reunieron para la construcción de un sello mexicano de «comercio justo». Esta iniciativa tiene el principal objetivo de lograr una alta participación en el mercado interno de México de los productos de los pequeños productores de México. La función principal que adopta esta asociación es la **promoción**, por un lado, de los productos hacia los consumidores, haciendo campañas educativas de **concientización** y de publicidad. Por otro lado, apoya a los grupos de pequeños productores en la búsqueda de soluciones a su amplia problemática comercial y empresarial.

**5.29** **Relaciona las palabras con su definición, según el texto.**

1. Justicia social.
2. Calidad de producto.
3. Ingreso digno.
4. Pequeños productores.
5. Malvender.
6. Sustentabilidad.
7. Promoción.
8. Concientización.

a. Reparto equitativo de los bienes sociales.
b. Propiedad positiva de un objeto o alimento.
c. Cantidad de dinero que se recibe y que permite tener una vida respetable.
d. Personas que producen alimentos a pequeña escala.
e. Vender en malas condiciones, por precios inferiores a los que vale en realidad el producto.
f. Equilibrio existente entre una especie con los recursos del entorno al cual pertenece.
g. Publicidad de un producto o servicio.
h. Hacer que una persona tome conciencia sobre determinados actos para mejorar su propia vida, la de los demás y también el medioambiente.

**5.30** **11 Favorecer la artesanía es una forma también de ayudar a que pequeñas comunidades obtengan ingresos a través de un comercio justo. Escucha a una persona hablar sobre la artesanía de su país y completa los datos.**

| País de origen | Tipos de artesanía | Sitios donde tienen lugar |
| --- | --- | --- |
|  |  |  |

# ¡HOY ME SIENTO BIEN!

## A. VOCABULARIO

### ADJETIVOS CALIFICATIVOS (Textbook p. 176)

**6.1** Clasifica los siguientes adjetivos en positivos y negativos. **Escribe su contrario. Compara con tu compañero y añade cinco más.**

> atento/a • egoísta • falso/a • leal • seguro/a • sociable • tierno/a • tolerante • tranquilo/a
> flexible • ordenado/a • educado/a • responsable • fuerte • puntual • optimista
> introvertido/a • trabajador/a • paciente

| Virtudes | Defectos | Virtudes | Defectos |
|---|---|---|---|
| atento/a | desatento | | |
| generoso | egoísta | | |

 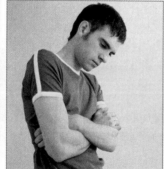  

**6.2** Jugamos a las adivinanzas. **Describe el comportamiento de una persona que tiene alguna de las características anteriores. Tu compañero debe adivinar el adjetivo que pensaste y describiste.**

Modelo: — Es una persona que acepta y respeta las opiniones de otras personas aunque no sean iguales a las suyas.
          — Tolerante.

**6.3** ¿Qué características tiene que tener para ti...?

**a.** ¿Un amigo/a? ............................ porque ............................................................................

**b.** ¿Un novio/a? ............................ porque ............................................................................

**c.** ¿Un profesor? ............................ porque ............................................................................

**d.** ¿Una madre? ............................ porque ............................................................................

## A. VOCABULARIO

### LAS ARTES (Textbook pp. 178-180)

**6.4** Busca las palabras que se refieren a las distintas artes y clasifícalas.

bailarínarpabailarinadiseñarflautanovelistapoetaguitarraplatilloscuentosaxofón
poemanovelatamboreretratocompositorguitarristacuadromúsicoviolinistapintarballet
orquestagaleríadearte

#### Música 🎵

| Personas | Instrumentos |
|----------|--------------|
| bailarín | |

#### Literatura 📝

| Personas | Obras |
|----------|-------|
| | |

#### Pintura 🎨

| |
|---|
| |

**6.5** Relaciona estas imágenes con sus diferentes géneros de música.

1. música pop
2. flamenco
3. música clásica
4. musical
5. música electrónica
6. rock

**6.6** Contesta a las preguntas y habla con tu compañero.

a. ¿Qué expresión artística es la que prefieres? ¿Por qué?

b. ¿Realizas alguna? ¿Cuál? ¿Desde cuándo?

c. ¿Qué tipo de música te gusta más? ¿Quién es tu cantante favorito?, ¿y tu canción? ¿Lo asocias a algún recuerdo?

d. ¿Tienes algún escritor favorito? ¿Qué género literario lees más frecuentemente?

e. Describe el cuadro, escultura o edificio que más te gusta.

### EXPRESAR SENTIMIENTOS Y EMOCIONES (Textbook pp.172-173)

**6.7** Observa las imágenes y lee las frases. Escribe qué emociones provocan en ti.

**Estoy nerviosa cuando** tengo que hacer un examen.

......................................................

......................................................

**Se siente de buen humor si** come en un restaurante con su familia.

......................................................

......................................................

**Le pone furioso que** llueva durante sus vacaciones.

......................................................

......................................................

**Le da rabia que** su equipo pierda cada domingo.

......................................................

**No aguanto** hacer la cama cada día ni recoger la habitación.

......................................................

**6.8** Juan, Antonio y Marisa comparten piso. Ellos son muy diferentes. Lee su perfil e indica a quién se refieren estas frases.

**•••▶ Juan** es muy casero, le gusta cocinar, leer libros y cuidar las plantas. Hace deportes con videos de Internet. Necesita el orden y organiza cenas con sus amigos para ver el futbol.

**•••▶ Antonio** es músico, toca la batería en un grupo, no tienen local y necesita ensayar en casa. Es desordenado. Su comida preferida son los chuletones de ternera. Es alérgico a los perros.

**•••▶ Marisa** intenta ser escritora, está en la computadora muchas horas al día para buscar inspiración. Es solitaria y no necesita a la gente, pero sí a los animales, tiene un perro. Es vegetariana. Piensa que el deporte es absurdo.

**a.** Le encanta que sus amigos vengan a casa.

**b.** Se pone nervioso/a cuando no tiene inspiración.

**c.** Está feliz con su música.

**d.** Le molesta que Antonio sea tan desordenado.

**e.** Está enfadado/a cuando Juan ensaya en casa.

**f.** Se pone furioso/a si Marisa lleva el perro a su habitación.

**6.9** Habla con tu compañero y expresa tus emociones ante los siguientes temas.

> el hambre en el mundo • la desigualdad • las vacaciones • los dentistas
> la música • la amistad • el trabajo

## LAS PERSONALIDADES

**6.10** ¿Qué crees que es más fácil: hablar bien o hablar mal de alguien? ¿Por qué? Habla con tu compañero.

**6.11** Vamos a trabajar con el diccionario. Aquí tienes un cuadro con adjetivos que se usan para destacar algún aspecto negativo del carácter de las personas. Elige el más apropiado para cada una de las definiciones.

| | | | |
|---|---|---|---|
| **a.** fresa | **e.** metiche | **i.** menso | **m.** chismoso |
| **b.** cursi | **f.** payaso | **j.** conchudo | **n.** naco |
| **c.** codo | **g.** creído | **k.** lambiscón | |
| **d.** nais | **h.** prepotente | **l.** tentón | |

**1.** .......................: Persona a la que le gusta mucho su dinero y le cuesta gastarlo.

**2.** .......................: Persona que pretende ser fina y elegante sin conseguirlo.

**3.** .......................: Dicho de alguien de clase social alta o adinerada.

**4.** .......................: Alguien que tiene la costumbre de entrometerse en los asuntos de los demás.

**5.** .......................: Persona que gusta de hablar de los demás y esparcir murmuraciones o chismes.

**6.** .......................: Dicho de un/una joven de costumbres muy convencionales.

**7.** .......................: Persona que abusa o alardea de su poder.

**8.** .......................: Persona de poca seriedad o que hace reír con sus actos o palabras.

**9.** .......................: Persona excesivamente orgullosa de sí misma, especialmente de su físico.

**10.** .......................: Tonto, ignorante, que se deja engañar o que se distrae fácilmente.

**11.** .......................: Dicho de alguien despreocupado, perezoso, indolente que espera que los demás hagan las cosas.

**12.** .......................: Alguien a quien le gusta tocar objetos que no debe, o a personas sin su consentimiento.

**13.** .......................: Persona que es tonta, ignorante, vulgar y que no sabe comportarse.

**14.** .......................: Alguien que adula con fines interesados.

Estos términos negativos se pueden usar como adjetivos o como nombres. Cuando se usan con el verbo *ser*, van acompañados de algún elemento:

- *un/una*, que es enfático: –*Es un creído.*
- *bien* que es enfático: –*Es bien metiche.*
- *algo/un poco*: –*Es un poco codo.*

---

**¡Ojo!**

– *Cursi, fresa, prepotente, metiche* son invariables. El género masculino o femenino lo expresamos con *un/una*.

– Estos términos son coloquiales, solo se pueden usar entre personas con las que uno tiene mucha confianza.

– *Naco* es muy despectivo y generalmente se usa para describir a una tercera persona.

---

**6.12** **¿Qué tipo de persona diría las siguientes frases?**

¿Mi ropa preferida? La de marca, compro ropa de las mejores marcas. Me fascina el rosa pálido y los holanes, o los estampados de florecitas. Tengo un estilo muy delicado, muy elegante.

La mejor forma de ahorrar es no gastar. Si salgo con mis amigos, generalmente pago lo mío pero, a veces no llevo dinero, y entonces me invitan ellos. Digo que pago yo la próxima vez, aunque debo admitir que a veces no lo hago…

¡Ay no! A mí no me gusta ir a antros, luego hay muchos borrachos y pelados que le faltan a uno al respeto. Mejor ir a un tomar un café, todos tranquilitos, como dice mi mamá.

Mira, mami, qué padre está este jarrón chino. Pesa un chorro, pero está lisito, lisito. ¡Qué bonito se siente!

A mí lo que me gusta es decir o hacer cosas para que la gente se ría, sobre todo en clase. A veces cuando el profe se voltea a escribir en el pizarrón le hago caras o lo imito, ¡y todos se mueren de risa!

¡Cómo que quieren que ayude a lavar platos y a limpiar! Yo vine a descansar.

**6.13** **Escribe un texto similar para uno de los adjetivos anteriores. Tu compañero debe adivinar quién lo diría.**

## 1. VERBOS SEGUIDOS DE INFINITIVO Y PRESENTE PERFECTO (Textbook pp. 181-182)

**6.14** **Fíjate en esta historieta y, con tu compañero, reflexiona sobre lo que quiere decir *dejar* en la primera y en la segunda imágenes.**

¿Qué estás haciendo?
¿Dónde están los libros?
¿No tenías mañana un examen muy importante?

Los **dejé** (1) en el librero, no quiero ni verlos…

¿Cómo? ¿Ya **dejaste** (2) de estudiar?

Sí, es que no puedo concentrarme, estoy bien nervioso y ¡no me entra nada!

**6.15** **¿Puedes encontrar un sinónimo del verbo *dejar* como están usados en la historieta anterior?**

Los **dejé** en el librero. ➡ .......................................................................................................................................................

¿Ya **dejaste** de estudiar? ➡ .......................................................................................................................................................

**6.16** **Completa esta explicación con el sinónimo que hayas utilizado en cada caso.**

• En la primera imagen, el verbo *dejar* significa ...........................................................................................................................

• El verbo *dejar*, en la segunda, forma parte de la estructura: *dejar + de* + infinitivo y la usamos para hablar de la interrupción de una acción. Es sinónimo de ...............................................................................................
    – *Dejé de estudiar* = ........................................................................................................................

• Este tipo de estructura se llama **perífrasis verbal**.
    Las ........................... verbales son expresiones compuestas por dos verbos: el segundo verbo puede estar en ..........................., gerundio o participio. Los infinitivos a veces son introducidos por una ........................... La unión de los dos verbos da una connotación o matiz diferente a la que se da con un solo verbo. A veces es necesario usar dos verbos para expresar un significado.

**6.17** **Relaciona las siguientes perífrasis verbales con lo que consideres que son sus intenciones comunicativas. Fíjate en los ejemplos.**

### Perífrasis de infinitivo

1. **empezar a / ponerse a** + infinitivo
   – *Empecé a ver cine seriamente cuando era muy joven.*
2. **dejar de** + infinitivo
   – *Dejé de ir al cine porque prefiero DVD en la casa.*
3. **volver a** + infinitivo
   – *El cine mexicano vuelve a declararse en estado de alerta.*
4. **acabar de** + infinitivo
   – *Acabo de dirigir mi primera película.*

### Significado

a. La repetición de una actividad
b. El final reciente de una actividad.
c. La interrupción de una actividad.
d. Que una actividad está en curso.
e. El principio de una actividad.

### Perífrasis de gerundio

5. **seguir / continuar** + gerundio
   – *Sigue intentando que el film que rodó le guste a la gente.*

**6.18** **Miguel, un estudiante de cine, les escribió a ti y a Nacho este mail cuando estaba un poco deprimido. Complétalo con las perífrasis del cuadro.**

---

Enviar    DE:              PARA: Jaime              ASUNTO:

Muchachos, ¿cómo les va?

Yo la verdad estoy harto. (a) ........................................ a estudiar el examen de Montaje de mañana. Leí y (b) ........................................ a leer el segundo tema y no puedo concentrarme.

Para colmo (c) ........................................ de enterarme que reprobé Historia del Cine Mundial. ¡Con lo que me gusta! En serio que no lo entiendo, ¿cómo es posible? Una de mis materias preferidas. Además, creo que me salió superbién. Ese día (d) ........................................ de entrenar y todo ¡caray! ¿Le caeré mal al profe?

Estoy muy enojado y frustrado. Siento aburrirlos con mis quejas, pero a alguien se lo tenía que contar… Bueno, (e) ........................................ estudiando para que no me pase lo mismo.

¿Y a ustedes? ¿Cómo les va?

Nos vemos,

Miguel

---

**6.19** **Escribe tu respuesta al correo de Miguel. No olvides utilizar las perífrasis anteriores.**

## C. GRAMÁTICA

### 2. VERBOS QUE EXPRESAN CAMBIO (Textbook pp. 182-183)

**6.20** **¿Qué sabes de Gael García Bernal? ¿Puedes recordar el título de alguna de sus películas? Lee esta información que hemos encontrado sobre él en la revista *Cinema*.**

Gael García Bernal

Gael es uno de los actores mexicanos más cotizados internacionalmente. No solamente actúa sino que produce y dirige sus propias películas y documentales. Lejos está su primera actuación en la telenovela *Teresa*, con Salma Hayek. Gael no quería hacerse famoso solo como actor de telenovelas. En 1999 se fue a vivir a Londres para estudiar en la famosa *Central School of Speech and Drama*. Muy pronto empezó a tener papeles en filmes de fama internacional como *De tripas corazón*, nominado para un Óscar. En 2000, saltó a la fama con la controvertida película *Amores Perros* que fue un éxito de taquilla y nominada al Óscar como *Mejor Película Extranjera*. A partir de entonces se volvió internacional y siguió apareciendo en una serie de películas con mucho éxito. Otras películas son *Y tu mamá también*, *El crimen del padre Amaro*, *Diarios de motocicleta*, y por primera vez para el cine español, en *La mala educación* de Pedro Almodóvar, papel con el que ganó el premio de mejor actor de largometraje en el Festival Internacional de Cine de Valdivia. En 2006 se hizo director de cine con su proyecto *Déficit* y En 2010 Gael se puso muy contento con la noticia de la espera de su segundo hijo con Dolores Fonzi.

Bueno Gael, nosotros en CINEMAS siempre te hemos tratado muy bien y esperamos que en una de tus visitas a México hables con nosotros para contarnos algo más de tu vida, ya sabemos que los medios de comunicación te ponen negro de coraje pero nosotros prometemos respetarte y tratarte muy bien…. ¡Nos hemos quedado alucinados con tu trabajo!

**6.21** **Busca en la evolución de la carrera profesional de Gael los verbos que marquen los cambios sufridos por ese famoso actor en su vida y en su carácter o actitudes. Anota las frases.**

**6.22** **Mira la siguiente explicación y escribe las frases que encuentres en el lugar correspondiente. Puedes añadir ejemplos propios.**

En español tenemos diferentes verbos para expresar los cambios que sufrimos o sufren las cosas:

• ***Ponerse*** + adjetivos/adjetivos de color: expresa un cambio no definitivo en el aspecto físico o estado de ánimo.
  Ejemplo: *Se puso contento.*

> **¡Ojo!**
> No se dice: *Se puso enfadado (se enfadó)* ni *Se puso curioso (sintió curiosidad).*

Continúa

- **Quedarse** + adjetivo: expresa un cambio de estado resultado o consecuencia de una acción o situación anterior.
  Ejemplo: ........................................................................................................................

- **Volverse** + adjetivo / un, una + sustantivo + adjetivo: expresa un cambio rápido y, a veces, bastante duradero. La evolución suele ir hacia lo negativo.
  Ejemplo: ........................................................................................................................

- **Hacerse** + sustantivo/adjetivo: relacionado con profesión, ideología, religión, nacionalidad. Es un cambio visto más duradero y decidido por el sujeto.
  Ejemplo: ........................................................................................................................

**6.23** **Relaciona los elementos de las columnas. Puede haber varias posibilidades, así que deberás justificar tu elección dando un contexto.**

| | |
|---|---|
| 1. Marta | a. muy famosa por la escena final. |
| 2. Mi hermano pidió un crédito al banco y | b. roja como un tomate. |
| | c. nerviosa al oírle hablar. |
| 3. Esta película | d. empresario. |
| 4. Después de la fiesta, la casa | e. muy miedoso, siempre trae un montón de guardaespaldas. |
| 5. Dicen que el guionista de la película | |
| 6. Tu amiga | f. loco después de terminar de escribir el guion. |
| 7. Cuando me encontré en el tren a mi actor favorito | g. una persona importante dentro de la empresa, es muy ambiciosa. |
| 8. Siempre dice que, después de rodar una película, | h. agotado, sin fuerzas. |
| 9. Este director de cine | i. muy sucia. |

hacerse

ponerse

volverse

quedarse

**6.24** **De las frases anteriores, señala cuáles reflejan un cambio duradero y cuáles un cambio más o menos momentáneo.**

Cambio duradero: ...........................................................................................................................................

Cambio momentáneo: ....................................................................................................................................

**6.25** **Eres periodista y decides investigar el pasado de un director de cine de éxito. Su vida está llena de sorpresas. Escribe tu artículo con verbos de cambio y las perífrasis verbales estudiadas.**

# D. DESTREZAS

## LECTURA

### ■ Antes de leer

**6.26** ¿Escuchas música clásica o tocas un instrumento? ¿Te gusta? ¿Por qué (no)?

### ■ Leer

**6.27** Lee el texto y ponle un título.

---

**ESTRATEGIA DE LECTURA: ESCRIBIR UN TÍTULO**

Identificar el tema que da unidad al texto es una estrategia de comprensión lectora. El título de un texto cumple la función de anticiparlo o comentarlo: suele adelantar información acerca del tema o del género de la obra.

---

••➤ Todas las tardes, de lunes a sábado, cerca de 350 000 niños venezolanos, a partir de los 4 años, se reúnen en 'núcleos' locales. La mayoría de estos 'núcleos' están en barrios donde imperan la pobreza y la violencia, y los niños vienen para recibir una educación musical clásica: para aprender a tocar un instrumento o cantar. Tan pronto como es posible, a veces a los 6 o 7 años, se les integra en una orquesta; no se excluye a nadie, ni por su habilidad musical, ni por ser minusválido.

En sus humildes viviendas, los niños han oído solo música popular, la música clásica los introduce a otro mundo, a 'valores más altos, más complejos, más completos', y lo más importante, gracias a los programas orquestales viven la alegría de la música. 'Era mi primer día en la orquesta de cámara, entonces yo venía temprano,' cuenta una niña 'y me dieron un disparo en la pierna, y no pude ir. Y yo llorando, no porque me dolía la pierna, sino porque no podía estar aquí. Cuando llega uno aquí se le olvida todo, todo, todo'. La música clásica produce un cambio irreversible en los niños y jóvenes, les da confianza en sí mismos –aún a aquellos que han estado metidos en violencia, drogas o delincuencia. Hay unas 129 orquestas juveniles y 60 orquestas infantiles en Venezuela, un país donde el 60% de la población vive en la pobreza.

*El Sistema* (Sistema Nacional de Orquestas Juveniles e Infantiles de Venezuela) es una fundación estatal venezolana creada por José Antonio Abreu en 1970 con 11 niños, ensayando en un estacionamiento subterráneo. 'Yo pensaba que uno de los medios más eficaces para promover el combate contra la pobreza era entrenar a los niños y jóvenes que no tenían esa posibilidad,' dice el maestro, y continúa: 'La orquesta es una formidable escuela de vida social. Los niños avanzan juntos hacia una meta'.

La *Orquesta Sinfónica Simón Bolívar*, cuyos integrantes son ahora adultos, se formó con músicos entrenados en *El Sistema*. La Simón Bolivar B, llamada *Orquesta Juvenil Teresa Carreño*\* viaja por todo el mundo dando conciertos bajo la dirección de Gustavo Dudamel (26-01-81), él mismo producto de *El Sistema* y director de la *Orquesta Filarmónica de Los Angeles*, y la *Sinfónica de Gotemburgo*. Dudamel, quien ganó un Grammy 2012 y quien ha sido llamado 'El hombre que rejuvenece la música clásica' dice: 'Eso es posible aquí en Venezuela, ¿y por qué no en el mundo?'. Hay muchos que creen que es posible, y por eso se intenta crear 'sistemas' en Inglaterra, Escocia y EE.UU.

\* famosa pianista venezolana.

■ **Después de leer**

**6.28** **Contesta a las siguientes preguntas.**

**a.** ¿Qué opinión sobre la música clásica expresa?

**b.** ¿Cómo se sienten los niños que participan en esta iniciativa?

**c.** ¿Qué es *El Sistema*?

**d.** ¿Piensas que sería una buena idea para tu ciudad/país adoptar *El Sistema*? ¿Habría que hacer modificaciones? ¿Cuáles?

## ESCRITURA

■ **Antes de escribir**

**6.29** **Piensa en el último concierto al que fuiste y anota todas las ideas que se te ocurran. En caso contrario, invéntate esa situación.**

■ **Escribir**

**6.30** **Escribe un correo electrónico a un/a amigo/a y cuéntale el último concierto al que fuiste.**

En él debes hablar sobre:

• Quién actuaba;

• Por qué elegiste este concierto;

• Cómo te sentías antes, durante y después del concierto;

• Con quién ibas;

• Qué piensas del grupo o cantante;

• Si te gustó o no.

■ **Después de escribir**

**6.31** **Revisa los siguientes aspectos de tu correo electrónico:**

• Ortografía y puntuación.

• Precisión gramatical: los tiempos en pasado.

• Cohesión de las ideas.

### ESTRATEGIA DE ESCRITURA: LA COHESIÓN CONTEXTUAL

Las diferentes frases del texto se conectan entre sí formando relaciones. Los mecanismos que se utilizan para conectarlas se denominan formas de cohesión. Usa conjunciones y conectores para enlazar oraciones: *que, pero, aunque, luego, puesto que, entonces, por lo tanto, como consecuencia*, etc.).

# D. DESTREZAS

## DISCURSO

**6.32** **Debes hablar durante 3 minutos sobre tu libro favorito. Sigue las siguientes pautas:**

- ¿Quién es su autor?
- ¿Cuándo lo leíste?
- ¿Lo leíste más de una vez? ¿Cuántas?
- ¿Cómo te sentiste leyéndolo?
- ¿Quiénes son los personajes?
- ¿Qué sentimientos te producen lo que hacen o lo que pasa?
- ¿Produjo algún cambio en ti?

## FONÉTICA Y ORTOGRAFÍA

■ **Los extranjerismos**

**6.33** **12** **Escucha y escribe las palabras extranjeras que se utilizan en español.**

| | | | |
|---|---|---|---|
| 1. ............... | 6. ............... | 11. ............... | 16. ............... |
| 2. ............... | 7. ............... | 12. ............... | 17. ............... |
| 3. ............... | 8. ............... | 13. ............... | |
| 4. ............... | 9. ............... | 14. ............... | |
| 5. ............... | 10. ............... | 15. ............... | |

**6.34** **Trabaja con tu compañero. Completa la explicación con las palabras anteriores.**

En español usamos algunas palabras que proceden de otras lenguas. Se dividen en:

- **Voces adaptadas:** se adaptan a la ortografía y pronunciación del español: *estrés, eslogan, cabaré,* ......................................................... .........................................................

- **Voces no adaptadas:** se escriben igual que en la lengua original y su pronunciación es más o menos aproximada a ella: *pizza, rock and roll, jazz, pendrive,* ............... ......................................................... .........................................................

**6.35** **¿Conoces algunas más? Si no, busca otras en Internet y, con tus compañeros, decidan a qué grupo pertenece.**

# E. CULTURA

## AL SON DE LA GUITARRA

**6.36** Tienes cinco minutos para escribir los nombres de todos los instrumentos de música que se te ocurran. Luego, comenta qué instrumento te parece más nostálgico, alegre, romántico… Explica tus razones.

......................................................................................................

......................................................................................................

......................................................................................................

......................................................................................................

**6.37** La guitarra y sus variaciones son los instrumentos más utilizados en la música latina. Lee el texto y encuentra el nombre de las variantes de la guitarra.

···➤ La guitarra es el instrumento más utilizado por cantautores y trovadores, y por grupos como los mariachis y los tríos. Se utiliza en géneros como el tango, bolero, rancheras y gruperas.

A lo largo del tiempo, ha habido variaciones de la guitarra para adaptarla a los gustos musicales imperantes y a las necesidades del intérprete. Los cambios han sido en el número de cuerdas, y en la forma y tamaño. Otros instrumentos de la familia de la guitarra son: el requinto, el charango y el guitarrón mexicano, inventado en México en el siglo XIX para tocar las notas más bajas en las bandas de mariachi.

**Mariachis** son conjuntos musicales típicos que se han extendido como un símbolo de la cultura mexicana y que tocan en fiestas públicas, reuniones familiares y 'serenatas' que llevan los hombres, generalmente por la noche, a las damas a quienes quieren expresar sentimientos de amor, agradecimiento o deseos de reconciliación.

**Los tríos**, como *Los Panchos*, utilizan dos guitarras y un requinto, que es más chico y con sonido más agudo que una guitarra. Este instrumento fue inventado por Alfredo Gil, uno de *Los Panchos*, para interpretar los boleros románticos tan populares en los años 40 y 50 y que están gozando de una nueva popularidad en el siglo XXI.

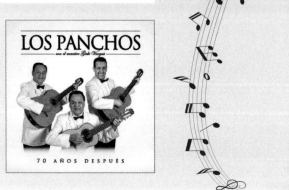

**6.38** ¿Qué les parece la tradición de la 'serenata' en México y América Latina? ¿Hay algo similar en tu país? Si no lo hay, ¿les gustaría que lo hubiera? ¿Por qué (no)? ¿Qué opinan sobre el hecho de que los jóvenes mexicanos de ahora escuchen las mismas canciones que sus abuelos y en algunos casos sus bisabuelos?

**6.39** Federico García Lorca dedicó este poema a la guitarra. Lee el poema y la breve biografía de García Lorca.

## LA GUITARRA

Empieza el llanto
de la guitarra.
Se rompen las copas
de la madrugada.
Empieza el llanto
de la guitarra.
Es inútil callarla.
Es imposible
callarla.

Llora monótona
como llora el agua,
como llora el viento
sobre la nevada.
Es imposible
callarla.
Llora por cosas lejanas.
Arena del Sur caliente
que pide camelias blancas.

Llora flecha sin blanco,
la tarde sin mañana,
y el primer pájaro muerto
sobre la rama.
¡Oh, guitarra!
Corazón malherido
por cinco espadas.

Federico García Lorca (1898-1936), además de ser poeta y dramaturgo, fue dibujante, conferenciante y músico. Sus libros de poemas más conocidos son el *Poema del cante jondo* (1931), al que pertenece el poema "La guitarra", *Romancero gitano* (1928), donde crea toda una mitología sobre el gitano, sus pasiones y sufrimientos, revisando las percepciones estereotipadas sobre ese grupo étnico, y *Poeta en Nueva York*, colección de poemas surrealistas escritos como resultado de su estancia en EE. UU. Sus obras de teatro más conocidas son *Bodas de sangre*, *Yerma* y *La casa de Bernarda Alba*.

**6.40** Responde a las preguntas razonando.

**a.** ¿Cómo se describe la música de la guitarra en el poema?

**b.** ¿Qué significado le podemos dar a "se rompen las copas de la madrugada"?

**c.** Di un sinónimo de "llanto de la guitarra".

**d.** ¿Por qué es imposible callar a la guitarra?

**e.** Explica las analogías entre "llora la guitarra", "llora el agua" y "llora el viento".

**f.** Trata de describir otros fenómenos atmosféricos, por ejemplo, el huracán, el terremoto…

**g.** ¿Qué ejemplo da el poema de las "cosas lejanas" por las que llora la guitarra? ¿Crees que esa "cosa lejana" es fácil de conseguir? Explica tu respuesta.

**h.** Di el significado de las cosas por las que llora la guitarra.

**i.** Explica la imagen de la guitarra al final del poema.

**6.41** Escribe un poema similar intentando imitar el poema de Lorca, pero dedicándolo al instrumento más alegre que eligieron al empezar esta sección.

Empieza la risa de ................................................................................................

................................................................................................

................................................................................................

# ¡QUE NO TE ENGAÑEN!

## A. VOCABULARIO

### INTERNET (Textbook p. 206-207)

**7.1** ¿Qué te sugiere la imagen? ¿Para qué sirve? ¿Lo has utilizado alguna vez? Comenta tu experiencia.

**7.2** ¿Qué opinas de la moda de hacer amigos en la red? Aquí tienes algunas de las opiniones que hemos encontrado en nuestro foro de lectores. Léelas y fíjate en el tipo de lengua que utilizan.

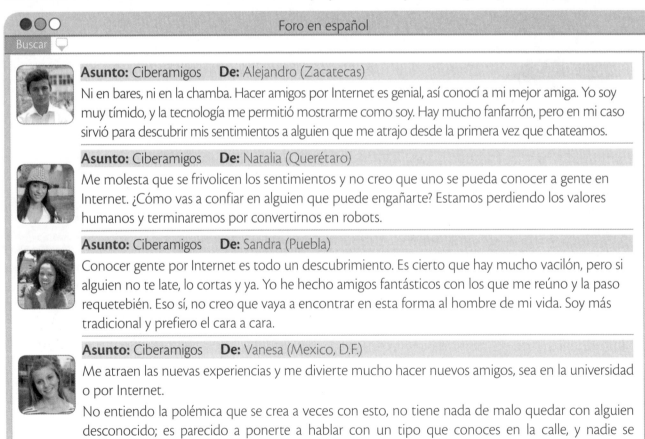

**Asunto:** Ciberamigos     **De:** Alejandro (Zacatecas)

Ni en bares, ni en la chamba. Hacer amigos por Internet es genial, así conocí a mi mejor amiga. Yo soy muy tímido, y la tecnología me permitió mostrarme como soy. Hay mucho fanfarrón, pero en mi caso sirvió para descubrir mis sentimientos a alguien que me atrajo desde la primera vez que chateamos.

**Asunto:** Ciberamigos     **De:** Natalia (Querétaro)

Me molesta que se frivolicen los sentimientos y no creo que uno se pueda conocer a gente en Internet. ¿Cómo vas a confiar en alguien que puede engañarte? Estamos perdiendo los valores humanos y terminaremos por convertirnos en robots.

**Asunto:** Ciberamigos     **De:** Sandra (Puebla)

Conocer gente por Internet es todo un descubrimiento. Es cierto que hay mucho vacilón, pero si alguien no te late, lo cortas y ya. Yo he hecho amigos fantásticos con los que me reúno y la paso requetebién. Eso sí, no creo que vaya a encontrar en esta forma al hombre de mi vida. Soy más tradicional y prefiero el cara a cara.

**Asunto:** Ciberamigos     **De:** Vanesa (Mexico, D.F.)

Me atraen las nuevas experiencias y me divierte mucho hacer nuevos amigos, sea en la universidad o por Internet.

No entiendo la polémica que se crea a veces con esto, no tiene nada de malo quedar con alguien desconocido; es parecido a ponerte a hablar con un tipo que conoces en la calle, y nadie se escandaliza por eso.

Adaptado de: *Popstars*, n.º 16

**7.3** ¿Has tenido alguna experiencia personal con algún ciberamigo o conoces a alguien que la haya tenido? Habla con tus compañeros.

**7.4** En las opiniones del foro, aparecen palabras y expresiones coloquiales. Te las damos aquí. Defínelas según el contexto.

| Palabras y expresiones | Definición |
|---|---|
| **a.** Chamba | |
| **b.** Fanfarrón | |
| **c.** Latir | |
| **d.** Vacilón | |
| **e.** Cortar a alguien | |
| **f.** Y ya | |
| **g.** Pasárselo requetebién | |
| **h.** Tipo/tipa | |

**7.5** ¿Con cuál de estas opiniones te sientes más identificado? Escribe un mail a un amigo tuyo y cuéntale lo que opina esa persona y tu posición con respecto al tema.

Enviar   DE:    PARA: Antonio    ASUNTO:

**LA PUBLICIDAD EN INTERNET** (Textbook p. 208)

**7.6** Observen esta imagen. Pertenece a un anuncio de un organismo público. ¿De qué creen que trata? ¿A quién va dirigido? De las siguientes frases, ¿cuál es el eslogan del anuncio? Justifiquen su respuesta.

**1.** ☐ No comas con prisa. Tómate tu tiempo.

**2.** ☐ Haz cinco comidas al día, no pases hambre.

**3.** ☐ ¡Despierta, desayuna!

**4.** ☐ ¡No les permitas comer entre horas! Lucha contra la obesidad infantil.

**7.7** Este es el anuncio completo, ¿acertaron con el eslogan real? ¿Por qué creen que se hizo un anuncio como este? ¿Tiene relación con las costumbres y los horarios alimentarios de los latinos? ¿Por qué? ¿Cómo se desayuna en tu país?

**7.8** Observen esta otra publicidad. ¿Cuál es su objetivo? ¿Están de acuerdo con su eslogan? ¿Suelen hacer compras por Internet?

**7.9** ¿Para qué utilizan Internet? Hagan una lista entre toda la clase de los servicios de Internet que utilizan y escríbanla en el pizarrón.

**7.10** 🎧 13 Escucha el texto y escribe los argumentos a favor o en contra de las compras por Internet que aparecen.

| 👍 A favor | 👎 En contra |
|---|---|
|  |  |
|  |  |

**7.11** Entre todos los miembros del grupo, añadan a las tablas anteriores otros argumentos a favor y en contra de las compras por Internet. Después, escriban un texto con su opinión y preséntenla al resto de la clase.

## INTERNET

**7.12** Escribe la definición de las siguientes palabras.

**a.** usuario ➡ ......................................................................................................................................

**b.** buscador ➡ ...................................................................................................................................

**c.** enlace ➡ .........................................................................................................................................

**d.** botón ➡ ..........................................................................................................................................

**e.** logos ➡ ...........................................................................................................................................

**f.** banners ➡ ......................................................................................................................................

**g.** web portal ➡ .................................................................................................................................

**7.13** Les proponemos crear en clase un "Foro del español". En él deben exponer problemas, opiniones, dudas, etc., que les plantea el aprendizaje de esta lengua y responder a las preguntas de los otros compañeros. Pueden utilizar el aula de recursos de su centro o hacerlo con mensajes escritos en un papel. Recuerden que los mensajes son cortos y utilizan un lenguaje bastante coloquial. Si quieren, existen foros reales dedicados a este tema. Pueden participar en ellos. Les recomendamos el foro del español del Centro Virtual Cervantes: http://cvc.cervantes.es/foros/

CENTROVIRTUAL MUNDO)real

FORO DEL ESPAÑOL

Mensajes nuevos:

➡ **De** Agustín:
Tengo una duda. Cuando hablamos del día siguiente al que estamos, ¿decimos el día siguiente o al día siguiente? Gracias.

## LA PUBLICIDAD EN INTERNET

**7.14** Habla con tu compañero/a y den algún consejo para hacer una compra segura de estos servicios.

- Hacer una reserva de hotel.
- Comprar una entrada para un concierto.
- Comprar un billete de tren.
- Alquilar un coche.

**7.15** Crea un anuncio publicitario sobre uno de los temas anteriores.

No olvides:
- Describir la imagen.
- Añadir un eslogan.
- Señalar a quién va dirigido el mensaje.
- Utilizar el lenguaje de la publicidad.

### 1. EXPRESAR OPINIONES Y HACER VALORACIONES (Textbook pp. 200-203)

- **Dar una opinión:**
    - **Creo** / **Pienso** / **Opino** / **Me parece que** *el logo de una marca (no)* <u>*es*</u> *muy importante.* (Indicativo)
    - **No creo** / **pienso** / **me parece que** *el logo* <u>*sea*</u> *tan importante como la calidad de sus productos.* (Subjuntivo)

- **Hacer una valoración:**
    - **Me parece bien** / **mal que** <u>*haya*</u> *publicidad en Internet.* (Subjuntivo)
    - **Es increíble** / **una vergüenza que** *nuestra escuela no* <u>*tenga*</u> *una página web.* (Subjuntivo)
    - **Está claro** / **Es obvio** / **verdad que** *la publicidad* <u>*es*</u> *creación.* (Indicativo)

**7.16** **Lee este texto que escribieron unos ecologistas. Es un manifiesto a favor del sentimiento ecológico. Después, con tu compañero, busca las expresiones de opinión y valoración que encuentres en el texto.**

### MANIFIESTO

•••► En primer lugar, creemos que es necesario que, entre todos, reconstruyamos las ricas sociedades del norte para que produzcan en función de las necesidades humanas y no en función de las necesidades de los pocos ricos del mundo. Es decir, nos parece urgente que se disminuya el gran consumo de la sociedad actual. Por otra parte, es importante que se reduzca el gasto energético actual; creemos que hay que desarrollar las energías renovables y disminuir el consumo de energía en sectores como el transporte, por ejemplo.

En cuanto al reciclaje, es conveniente que se haga una publicidad negativa sobre la compra de objetos de usar y tirar, objetos no retornables, y que los gobiernos prohíban su creación y producción. Es verdad que se está trabajando en ello, pero no es suficiente.

Sabemos que, en países donde llueve poco, es urgente que los gobiernos controlen el mal uso del agua; una posible solución pensamos que puede ser realizar programas de educación para aprender a ahorrar agua.

Finalmente, nos parece muy negativo que haya países que todavía hagan prácticas militares con armas nucleares.

En conclusión, es evidente que tenemos muchas cosas que hacer en este siglo que comienza y está claro que tenemos que cambiar nuestra forma de trabajar, producir y consumir.

*Ecologistas fundidos*

| Con indicativo | Con subjuntivo |
| --- | --- |
|  |  |
|  |  |

**7.17** **Completa las frases con indicativo o subjuntivo, eligiendo el verbo adecuado.**

**haber • ser • ponerse • seguir • tirar • ir(se) • empezar**

**a.** Es normal que (nosotros) ........................ morenos rápidamente; el agujero de la capa de ozono tiene la culpa.

**b.** Me parece mal que ........................ restricciones de agua en el verano, si hay sequía, el gobierno tiene que adoptar otro tipo de soluciones.

**c.** ¿Es cierto que Patricia Arendar ........................ la directora mexicana de Greenpeace?

**d.** Nos parece increíble que ........................ fabricando pilas de botón. ¡Son muy, muy contaminantes y todo el mundo lo sabe!

**e.** Es posible que ........................ con una ONG a ayudar en las últimas inundaciones.

**f.** Es mejor que no ........................ la basura por la mañana, porque con el calor hay malos olores en los botes de basura.

**g.** Es verdad que este gobierno ........................ mucho más ecologista que el anterior. ¡Menos mal!

**h.** Está claro que con la sequía de este invierno ........................ a haber muchos más incendios este año.

**i.** Es necesario que la gente ........................ a usar los transportes públicos de forma masiva.

**j.** No es lógico que ........................ fabricando armas nucleares.

**7.18 Enlaza de una forma lógica. Puede haber varias posibilidades.**

**1.** Les parece fantástico…
**2.** Es horrible…
**3.** Es verdad…
**4.** Me parece interesante…
**5.** Creo que es urgente…
**6.** Está claro…
**7.** Me parece increíble…
**8.** Nos parece fatal…

**a.** que haya tanta contaminación en las grandes ciudades y que se haga tan poco para disminuirla.
**b.** que hagan experimentos con animales.
**c.** que haya castigos más duros contra las industrias que dañan el medioambiente.
**d.** que el egoísmo es el principal culpable del daño al medioambiente.
**e.** que el ruido en las grandes ciudades empieza a ser un tema muy preocupante.
**f.** que en la oficina solo se use papel reciclado.
**g.** que los gobiernos se tomen en serio el tema de la protección del medioambiente.
**h.** que todavía haya países con bombas nucleares.

**7.19 Alejandrino Tejas (un famoso criador de gallos) y Loren Ardersen (famosa actriz canadiense y defensora de los animales) se encuentran en una fiesta y empiezan a hablar sobre una de las tradiciones latinoamericanas más polémicas: los gallos. Completa los huecos con una forma correcta del indicativo o del subjuntivo.**

**L.A.:** Me parece una vergüenza que ustedes, los latinos, (a) ........................ (mantener) en la actualidad una costumbre tan horrible como las peleas de gallos.

**A.T.:** Pero, ¿por qué? Es importante que nosotros, los latinos, (b) ........................ (conservar) nuestras tradiciones y que (c) ................ (transmitir) nuestra cultura a nuestros hijos.

**L.A.:** Pero, pero… ¿Es posible que (d) ........................ (llevar, ustedes) a sus hijos a ver esos espectáculos? ¡Son ustedes unos salvajes! Me parece que (e) ........................ (ser) una barbaridad.

**A.T.:** Pues yo creo que ustedes, los extranjeros, no (f) ........................ (comprender) en qué consiste esta tradición y no (g) ........................ (darse cuenta) de la importancia que tiene para la cultura y la economía.

**L.A.:** Pues yo no estoy de acuerdo con usted.

Cuando queremos dar una opinión, muchas veces introducimos varias ideas. Para organizar nuestras ideas, tenemos los siguientes elementos en español, entre otros:

- Para introducir la enumeración de ideas:
  **En primer lugar**, **Para empezar**, **Por una parte**

- Para continuar con la siguiente idea, o añadir información:
  **En segundo/tercer lugar**, **Además**, **Asimismo**, **Por otra parte**

- Para introducir un nuevo argumento o idea:
  **Respecto a**, **En cuanto a**

- Para introducir una idea que se opone o contrasta con lo que hemos dicho antes:
  **Pero**, **Sin embargo**

- Para expresar causa:
  **Porque**, **Ya que**, **Puesto que**

- Para concluir/finalizar:
  **Por último**, **En definitiva**, **Para terminar**

**7.20** **Vas a leer un artículo sobre la piratería. Las frases están mezcladas y desordenadas. Encuentra el orden del texto ayudándote de las palabras de enlace y de la puntuación.**

a. ☐ Para terminar, solo me resta pedirles su colaboración, pedirles que no vuelvan a comprar un CD si no es original.

b. ☐ Pero de ahí a ver cómo algunas personas hasta distribuyen catálogos fotocopiados entre sus clientes y venden discos piratas en plena calle, cometiendo delito penal con total impunidad, hay un mundo.

c. ☐ Las compañías realizan sus grabaciones con su dinero y pueden comercializarlas como mejor les parezca.

d. ☐ La piratería en formato CD es un grave problema que ha ido creciendo en la industria de la música.

e. ☐ En este país, como en todos, siempre se han grabado cintas al amigo, la novia, los padres… Y ahora se graban CD.

f. ☐1☐ El tema que hoy vamos a abordar no es un tema agradecido, al contrario, es un tema que genera polémica.

g. ☐ Una industria seria, que se encuentra en peligro por un grupo de desalmados que, además, no pagan impuestos.

h. ☐ Por lo tanto, los demás no somos nadie para interferir en sus decisiones, salvo en la libre decisión de comprar o no comprar sus productos.

**7.21** **Escribe ahora tu opinión sobre el artículo que leíste. ¿Tienes soluciones para evitar la piratería? Compara este tema con lo que ocurre en tu país.**

**7.22** Completa los huecos del texto con los conectores y verbos de los cuadros de abajo. No te olvides de poner el verbo en indicativo o subjuntivo según la estructura de opinión o valoración que lo acompaña.

### ¿HACIA DÓNDE VAMOS?

➠ Ya no sé a qué santo encomendarme para que la situación cambie en mi país, tengo unas ganas enormes de gritar y hacer que todas las personas de este país escuchen lo que voy a decir.

(a) ........................ me parece una vergüenza que esta sociedad no (b) ........................ del problema más importante en la vida de la mayoría de los ciudadanos mexicanos: la economía. Vivir en México se va a volver cada vez más caro.

(c) ........................ la manutención del Gobierno va a depender de nosotros y habría que preguntarse: ¿hacia dónde vamos con esta crisis que no va a permitir que la clase media mexicana pueda ganar más de lo que gasta?

Habría que repasar una y otra vez "El laberinto de la soledad" del preclaro Octavio Paz para entender qué es lo que nos pasa, para entendernos como sociedad, (d) ........................ a la vuelta de miles de años no hemos encontrado una identidad que nos permita apreciarnos como mexicanos.

Por favor, puede que (e) ........................ al borde, ya por costumbre centenaria, ya por la crisis mundial y nacional, de una revuelta social en la que, desgraciadamente los culpables de nuestra situación, no pagarán ni con sangre, ni con cárcel, su ominosa responsabilidad.

(f) ........................ la Secretaría de Hacienda y Crédito Público (g) ........................, como medida emergente, más aumento de impuestos a tabaco, cerveza y sorteos.

(h) ........................, creo que (i) ........................ enojar al pueblo, porque solo borracho se puede soportar esta crisis.

Adaptado de http://www.adnsureste.info

| Conectores | Verbos |
|---|---|
| porque • teniendo esto en cuenta • para empezar en definitiva • para terminar | estar • proponer • ser • querer darse cuenta |

## 3. OTROS CONECTORES (Textbook pp. 210-211 )

- Para añadir razones en un orden de fuerza creciente: *incluso*.
- Para contraponer razones: *bueno*, *no obstante*, *en cambio*.
- Para expresar consecuencia: *así que*, *de ahí que*, *así pues*, *de modo que*, *de manera que*, *pues*.
- Para sacar conclusiones: *entonces*, *en resumen*, *total que*, *por lo tanto*, *en conclusión*.

**7.23** ¿Qué significan estas palabras? Con tu compañero, trata de relacionar las dos columnas.

1. Tejido
2. Extirpado
3. Tumor
4. Rinoplastia
5. Quemado
6. Implante mamario
7. Anestesista
8. Arruga

a. Cirugía plástica de la nariz.

b. Médico anestesiólogo con bloqueo regional o general para realizar una intervención quirúrgica.

c. Conjunto de células de estructura y función similar, por ejemplo la piel.

d. Dañado por la acción del fuego.

e. Intervención para aumentar el tamaño del pecho de una mujer.

f. Pliegue o surco que se forma en la piel a consecuencia de la edad.

g. Grupo de células que se han reproducido por error, por enfermedad.

h. Cortado, eliminado.

**7.24** **Lee el siguiente texto y elige el conector correcto. Luego, responde a las preguntas.**

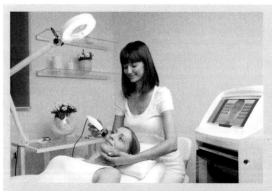

### MEDICINA ESTÉTICA

••➤ El concepto estética ha perdido su precisión, **debido a que / en cuanto a** se utiliza para el arreglo personal y se asocia a un centro de belleza.

El término *medicina estética* se refiere a la cirugía plástica estética y reconstructiva. El problema es que hoy día es practicada por personas que no tienen la formación precisa en esta especialidad, **pero / puesto que** no han cumplido con los procedimientos académicos y prácticas necesarias: 4 años de cirugía general, estudios, exámenes, guardias, competir con otros cirujanos que quieren la especialidad y más 3 años de residencia en cirugía plástica estética y reconstructiva. **En cambio / Puesto que**, estas personas solo pagan cursos aislados de un año, cada sábado (48 clases aproximadamente). **Luego / incluso**, realizan liposucciones, **incluso / es decir** colocan prótesis de mama. **Ya que / En definitiva**, es resultado de médicos especialistas con ambición de dinero que mal preparan a estos estafadores sin que la autoridad los detenga: **por un lado / por otro lado**, porque las leyes son insuficientes; y, **por otro / por último**, porque hay corrupción. **Sin embargo / Además**, se amparan en un título de médico cirujano y partero.

Ser especialista en cirugía plástica estética y reconstructiva requiere aprobar un examen profesional, **así que / sin embargo** dichos médicos no lo pasan, **pero / ya que** no les interesa la cirugía reconstructiva; **es decir / porque**, solo buscan la parte lucrativa de la especialidad. **Por todo ello / En definitiva**, son mercaderes de la medicina. Tan culpables son ellos como los que imparten dichos cursos y **ya que / también** las empresas que les venden los equipos necesarios, **a pesar de que / sin embargo** saben que no son especialistas. Es necesario informar a la gente porque son unos charlatanes. **En conclusión / Puesto que**, quien requiera de cirugía estética debe exigir la cédula profesional a quien se ostente como cirujano plástico. Si no la tiene, que cambie de médico.

Texto adaptado de: http://www.cirugiaplasticadehoy.com/?p=7

¿Es similar la situación en tu país? ¿Son muy frecuentes las operaciones de cirugía estética? ¿Crees que las clínicas que las realizan ofrecen garantías? ¿Cuál es tu opinión sobre estas intervenciones?

**7.25** **Une y transforma las siguientes frases con alguno de los posibles conectores del discurso antes estudiados.**

Modelo: – Ese actor se aplica una crema facial hidratante. Tiene muchas arrugas.

    – Ese actor se aplica una crema hidratante **porque** tiene muchas arrugas.

    – **A pesar de** aplicarse una crema hidratante, ese actor tiene muchas arrugas.

**a.** Tengo bastante tos. Hoy no voy a ir a trabajar.

........................................................................

**b.** La estilista enjabona y enjuaga el cabello a la clienta. Pone una mascarilla.

........................................................................

**c.** Esa mujer va a ir a la ópera. Siempre se perfuma.

........................................................................

**d.** Mi suegra no tiene la piel tersa ni firme. Se hizo la cirugía estética.

........................................................................

**e.** Los jóvenes de hoy en día están muy preocupados por su aspecto físico. Van con mucha frecuencia al gimnasio. La mayor parte de su presupuesto lo gastan en ropa.

........................................................................

**f.** En su carta me pide también consejo para el cuidado de las varices. Ahora voy a referirme a ese tema. Debe aplicarse una crema para las varices.

........................................................................

# D. DESTREZAS

## LECTURA

### ■ Antes de leer

**7.26** Antes de leer el texto, fíjate en el título y piensa en lo que ya sabes del tema. Después, contesta a las preguntas.

> **ESTRATEGIA DE LECTURA: PREDECIR EL CONTENIDO**
>
> Muchas veces, el título de una lectura activará asociaciones personales con el tema y te permitirán pensar en la información que es probable que aparezca en el texto. Predecir el contenido de la lectura te permitirá anticipar también el vocabulario nuevo que vas a encontrar.

**a.** ¿Qué crees que quiere decir "tianguis"?

**b.** ¿Qué tipo de mercado crees que es?

**c.** ¿Conoces algún producto que puedas comprar allí?

### ■ Leer

**7.27** Lee el texto.

#### EL TIANGUIS DE TONALÁ

•••➤ El tianguis de Tonalá es un pintoresco y bullicioso mercado al aire libre que hay que visitar no solo por las artesanías que se pueden comprar ahí, sino por los módicos precios en los que estas se venden.

Se instala los jueves y domingos en la Plaza Principal en las calles céntricas del municipio de Tonalá (Guadalajara), lugar de oficios artesanales desde la época prehispánica hasta la actualidad. En este tianguis se puede encontrar alfarería y cerámica en diferentes piezas como platos, jarros, cazuelas, ollas, piezas en miniatura, figuras decorativas; vidrio soplado, en piezas de vajillas; también figuras en yeso y de chatarra...

Pasas delante de un puesto varias veces y después de numerosos empujones y de algunos regateos, vuelves y te decides a comprar.

También es posible deleitarse con la comida que hacen en el tianguis, como tortas, tacos, birria, pipián, dulces, garrapiñados y demás; y calmar la sed con tejuinos, nieves y otras bebidas refrescantes.

Pero para disfrutar de este colorido lugar donde muchos tapatíos acuden los jueves y domingos, conviene ir temprano: cerca de las cuatro de la tarde muchos de los puestos empiezan a recoger.

### ■ Después de leer

**7.28** Responde a estas preguntas.

**a.** ¿Qué día de la semana es el tianguis de Tonalá?

**b.** ¿Se pueden comprar figuras hechas de chatarra?

**c.** ¿Es posible adquirir piezas en miniatura?

**d.** ¿Qué se puede degustar en el tianguis de Tonalá?

**e.** ¿Está abierto durante todo el día?

**f.** ¿Es un mercado cubierto?

## ESCRITURA

### ■ Antes de escribir

> **ESTRATEGIA DE ESCRITURA: IDENTIFICAR A TU INTERLOCUTOR**
>
> Cuando escribes una carta a una persona que no conoces o con la que no tienes mucha confianza, es esencial organizar lógicamente el texto y utilizar el tono correcto. En este tipo de comunicación formal, debes utilizar la forma de *usted* en lugar de la forma *tú*.

**7.29** **Antes de empezar a escribir, piensa en cómo te vas a dirigir a esta persona.**

  **a.** ¿Cuáles son algunas expresiones que puedes usar para empezar un correo electrónico dirigido a un periódico?

  **b.** ¿Qué cosas le quieres decir?

  **c.** ¿Qué expresiones puedes usar para despedirte de él/ella?

### ■ Escribir

**7.30** **Escribe una carta a un periódico en la que comentes las ventajas y los peligros de las nuevas tecnologías.**

En el texto deberás hablar sobre:

- Cuáles son las ventajas y los inconvenientes de las nuevas tecnologías.
- Qué recomiendas a los jóvenes que pasan mucho tiempo en Internet.
- Qué puede hacer para evitarlo.

### ■ Después de escribir

**7.31** **Revisa los siguientes aspectos de tu correo electrónico:**

- Ortografía: los dos signos de interrogación y exclamación (¿?, ¡!).
- Precisión gramatical: trato formal, la estructura de las oraciones.
- Coherencia de ideas y organización de la información.

## DISCURSO

### ESTRATEGIA DE PRESENTACIÓN ORAL: USAR EL LENGUAJE NO VERBAL

Un 65% de la información que se transmite en una exposición oral proviene del lenguaje no verbal. Utiliza la gestualidad (para acentuar, sustituir o contradecir lo que se expresa con palabras), la mirada con tu interlocutor (para captar su atención y obtener un *feedback*) y una entonación y pronunciación clara (para llegar un mensaje con claridad) en tu exposición.

**7.32** Vas a presentar un nuevo modelo de teléfono celular en una feria de nuevas tecnologías. Cuenta cuáles son las ventajas de este nuevo teléfono con respecto al resto durante un minuto.

## FONÉTICA Y ORTOGRAFÍA

### ■ Siglas, acrónimos y abreviaciones

#### SIGLA

- Palabra formada por el conjunto de letras iniciales de una expresión: **GPS** [ge-pe-ese], **PC** [pe-ce], **FM** [efe-eme]. Su plural es invariable: las ONG.

#### ACRÓNIMO

- Siglas que pueden leerse como palabras.
- **ONU** (Organización de Naciones Unidas o UNO en inglés), **UNESCO** (United Nations Educational, Scientific and Cultural Organization).

#### ABREVIATURA

- Representación reducida de una palabra o grupo de palabras.
- Al leerlas, leemos la palabra entera: etc. (etcétera); Dña. (doña); dcha. (derecha); Ud. (usted); C.P. (código postal).

**7.33** 🎧 **14** Escucha los siguientes acrónimos y abreviaturas y escríbelos.

**7.34** Clasifica las palabras anteriores en su lugar correspondiente.

| Sigla | Acrónimo | Abreviatura |
|---|---|---|
|  |  |  |
|  |  |  |
|  |  |  |
|  |  |  |

## LA ECONOMÍA LATINOAMERICANA

**7.35** **Observa las siguientes fotografías y el título de la sección: ¿cuál crees que es la base principal de la economía de los países latinoamericanos? ¿Sabes qué productos exportan estos países? Anótalos y, después, habla con tu compañero/a.**

**7.36** **Lee el siguiente artículo que aparece en la revista *El Economista*, sobre los países de América Central. Después relaciona cada país de la columna A con una o más de las características de la columna B.**

### ECONOMÍA DE AMÉRICA CENTRAL

La economía de América Central está basada principalmente en la agricultura, el turismo y algunas industrias pequeñas.

**Guatemala** cuenta con una economía relativamente estable, sin embargo, es uno de los países con mayores índices de desigualdad social en América. El sector más grande en la economía guatemalteca es la agricultura, y es uno de los mayores exportadores de azúcar, café y banano. En Guatemala el único metal existente en grandes cantidades es el níquel, cuya extracción se destina mayoritariamente a la exportación. La industria es una importante rama de la economía guatemalteca, destacando industrias de vehículos, aparatos eléctricos, bebidas, textiles, etc. El sector del turismo año tras año cobra mayor importancia, ya que recibe alrededor de dos millones de turistas anualmente.

**Nicaragua** es el país más pobre de Centroamérica y el segundo más pobre de todo el continente (solo superado por Haití). Esto se debe a una combinación de varios factores: 40 años de dictadura, una posterior revolución que dejó un saldo de 50 000 personas muertas, una guerra civil en los años 80, y un bloqueo económico. La agricultura nicaragüense se ha basado históricamente en la exportación de banano, café, azúcar, carne y tabaco. El café es una de las exportaciones más importantes de Nicaragua. Los principales recursos mineros son el oro, el cobre, la plata y el plomo. El ron *Flor de Caña* de Nicaragua es renombrado entre los mejores de América Latina.

**Honduras** es el tercer país más pobre del continente (superado por Haití y Nicaragua). Aun así tiene una actividad productiva incesante en el área agrícola, ganadera y textil. El crecimiento de las exportaciones fue de 19% en los productos tradicionales como el café, banano, etc. Mientras que las exportaciones de los productos no-tradicionales como los mariscos contribuyeron con el 7%. El turismo hondureño poco a poco se sitúa entre una de las industrias más importantes del país.

**El Salvador** es el país más pequeño y más poblado de Centroamérica. Tiene la economía más estable de la región y la que más incrementó en los últimos años. La producción agraria sigue siendo el motor de la economía del país, destacando el cultivo del café, algodón o maíz. El sector industrial, se basa en la exportación, especialmente de textiles.

Costa Rica y Panamá figuran entre los países con mejor calidad de vida del continente americano, aunque la pobreza está presente, sobre todo entre las comunidades indígenas.

**Costa Rica** es una de las potencias agrícolas de la región: es el séptimo mayor productor de bananos a nivel mundial y uno de los mayores productores de café y azúcar. Su economía ha evolucionado, pasando de ser un país principalmente agrícola a una economía de servicios. El turismo es la industria que más positivamente viene contribuyendo al desarrollo del país; sobre todo con la cantidad de cruceros que llegan allá.

La política económica de **Panamá** se basa en el sector servicios, siendo uno de los primeros países en utilizar esta política. Su principal estandarte son las exportaciones y los negocios de carga surgidos en torno al Canal de Panamá. El turismo también está en auge en esta región, con cruceros de pasajeros que transitan por el Canal. A raíz del Canal de Panamá se han desarrollado importantes empresas de servicios de transporte y logística.

| A | B |
|---|---|
| **1.** Guatemala | **a.** En su industria, destaca la producción textil. |
| **2.** Nicaragua | **b.** Exportan azúcar y café. |
| **3.** Honduras | **c.** Incrementó su nivel económico en los últimos años. |
| **4.** El Salvador | **d.** Destaca por el sector servicios. |
| **5.** Costa Rica | **e.** Es el país con mayor diferencia social. |
| **6.** Panamá | **f.** Es uno de los mayores exportadores de productos agrícolas. |
| | **g.** Tiene recursos mineros y los exporta. |
| | **h.** El turismo es una base importante en su economía. |
| | **i.** Su economía es mayoritariamente agrícola. |

**7.37** 🎧 **15 Vas a escuchar parte de la conferencia de un experto economista mexicano donde habla de la economía de México. Escucha y marca si las siguientes afirmaciones son verdaderas (V) o falsas (F). Corrige las que sean falsas.**

|  | V | F |
|---|---|---|
| **a.** Actualmente, la base de la economía mexicana es la agricultura. | ☐ | ☐ |
| **b.** No se han producido importantes cambios en la economía del país. | ☐ | ☐ |
| **c.** Los principales productos agropecuarios de México son el maíz, el trigo y el frijol, entre otros. | ☐ | ☐ |
| **d.** México manufactura considerables cantidades de productos forestales, entre ellos madera, chicle y resina. | ☐ | ☐ |
| **e.** La industria petrolera está controlada por empresas extranjeras. | ☐ | ☐ |
| **f.** La primera fuente de recursos del país es la actividad económica con Estados Unidos. | ☐ | ☐ |

**7.38 Establece una comparación (similitudes y diferencias), entre la economía de Centroamérica y la de México. Con las notas que tomaste, coméntalas con tu compañero a ver en cuántas cosas coincides con él.**

**7.39 ¿Qué es lo que más te sorprendió de estos países? ¿Qué semejanzas tienen con tu país? Busca información sobre la economía de tu país y haz una breve presentación al resto de la clase.**

## ¿SUEÑO O REALIDAD?

## A. VOCABULARIO

### CARTAS FORMALES Y CELULARES (Textbook pp. 230-231)

**8.1** **Ayer fue el cumpleaños de Ana y recibió un regalo sorpresa de su jefe. Lee la carta que le escribió para darle las gracias por el regalo e identifica las partes de una carta.**

**1.**
InterBox
Sr. Fernández
C/ Delicias, 45
34235 Santo Domingo

**2.**
Ana Julia Martín
Plza. Doctor Gallardo, 34
34756 Santo Domingo

**a.** fecha
**b.** firma
**c.** despedida
**d.** saludo

**e.** motivo
**f.** destinatario
**g.** remitente

**3.** Santo Domingo, 16 de febrero de 2015

**4.** Estimado Sr. Fernández:

**5.** Le escribo para darle las gracias por el regalo de cumpleaños, ¡vaya detalle! Es un regalo precioso y no sabe usted lo bien que me va a venir para la oficina. Siempre tengo todos los papeles desordenados y me será muy útil para clasificar las notas y los apuntes. Gracias, de verdad, me encantó y fue toda una sorpresa. Espero verle pronto y celebrarlo con usted.

**6.** Reciba un cordial saludo

**7.**

**8.2** **Habla con tu compañero y adivinen cuál fue la sorpresa: ¿qué creen que le regalaron a Ana?**

**8.3** **Elige un regalo y escribe una carta similar al señor Fernández dándole las gracias y explicándole lo interesante y bonito que es, lo útil que te será para..., etc., pero sin mencionar el nombre del objeto. Tu compañero/a deberá adivinar de qué regalo se trata.**

**8.4** **¿A qué parte de una carta corresponden estas frases? ¿Encabezado (E), cuerpo de la carta (C) o despedida (D)?**

**1.** Ⓔ ¡Hola, Pepe!

**2.** ⃝ ¡Hasta pronto!

**3.** ⃝ ¿Qué tal va todo? Espero que muy bien.

**4.** ⃝ Bueno, salúdame a todo el mundo y hasta pronto. Besos,

**5.** ⃝ Te escribo esta carta para...

**6.** ⃝ Desde hace tiempo que quería escribirte y hoy...

**7.** ⃝ Muchos besos,

**8.** ⃝ Un abrazo muy fuerte,

**9.** ⃝ Te mando un saludito, que estés bien...

**10.** ⃝ Me estaba acordando de ti y por eso...

**11.** ⃝ Querida amiga:

**12.** ⃝ Como lo prometido es deuda, te escribo esta carta para contarte que...

**13.** ⃝ Un beso,

**14.** ⃝ Querido Miguel:

**15.** ⃝ Cariños,

**16.** ⃝ Por fin te mando estas líneas, porque hacía tiempo que quería escribirte, pero...

# A. VOCABULARIO

**8.5** **Identifica los nombres de las partes de un celular con las imágenes.**

1. Funda
2. Tarjeta SIM
3. Batería
4. Altavoz
5. Cargador
6. Cámara
7. Tecla/Botón
8. Pantalla
9. Aplicaciones

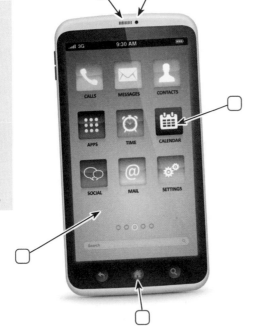

**8.6** **Intenta relacionar los elementos de las dos columnas de forma que hagas frases que normalmente se utilizan cuando usamos un celular.**

1. Te llamo a partir de las 7
2. Llámame tú
3. Aquí no puedo llamar
4. ¿Puedes repetir?
5. Voy a colgar
6. No oí tu llamada
7. Tengo que ir a un cajero
8. Envíale un mensaje
9. No puedes usar mi celular con tu tarjeta
10. Cuando llegues

a. porque tenía el celular en silencio.
b. para recargar el celular.
c. Te oigo entrecortada.
d. que tengo tarifa reducida.
e. haz una llamada perdida y salgo.
f. Es que no está liberado.
g. porque no tengo cobertura.
h. que no tengo saldo.
i. para recordarle la hora.
j. que me está pitando la batería.

**8.7** **Van a cambiar impresiones sobre la noticia: "El Gobierno quiere controlar los teléfonos celulares". Para ello, se van a dividir en dos grupos; un grupo que va a defender la privacidad de las personas y va a estar en contra de que se controlen los teléfonos y los mensajes, y otro que va a defender este control buscando ventajas como, por ejemplo, resolver antes un crimen o delito. Recuerda que no es importante que estés realmente a favor de las ideas que defiendes, pero sí que lo hagas con convicción.**

1.ª Parte: Plantear por grupos los argumentos.

2.ª Parte: Presentación y cohesión entre grupos.

3.ª Parte: Resumen y conclusión final.

# A. VOCABULARIO

**8.8** **Lee el siguiente correo electrónico y escribe el nombre de los símbolos que aparecen destacados.**

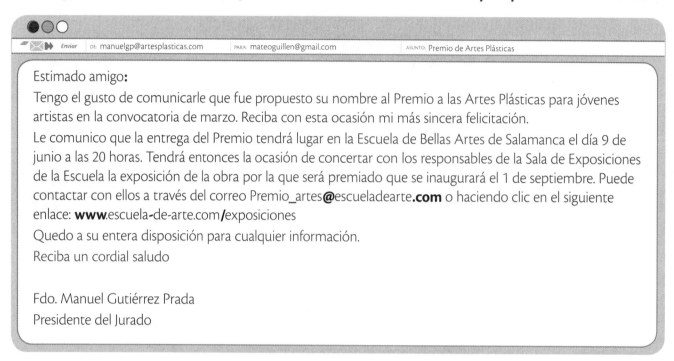

Estimado amigo**:**

Tengo el gusto de comunicarle que fue propuesto su nombre al Premio a las Artes Plásticas para jóvenes artistas en la convocatoria de marzo. Reciba con esta ocasión mi más sincera felicitación.

Le comunico que la entrega del Premio tendrá lugar en la Escuela de Bellas Artes de Salamanca el día 9 de junio a las 20 horas. Tendrá entonces la ocasión de concertar con los responsables de la Sala de Exposiciones de la Escuela la exposición de la obra por la que será premiado que se inaugurará el 1 de septiembre. Puede contactar con ellos a través del correo Premio_artes**@**escueladearte**.com** o haciendo clic en el siguiente enlace: **www**.escuela-de-arte.com**/**exposiciones

Quedo a su entera disposición para cualquier información.

Reciba un cordial saludo

Fdo. Manuel Gutiérrez Prada
Presidente del Jurado

DE: manuelgp@artesplasticas.com   PARA: mateoguillen@gmail.com   ASUNTO: Premio de Artes Plásticas

**8.9** **Imagina que eres Mateo. Escribe una respuesta a este correo.**

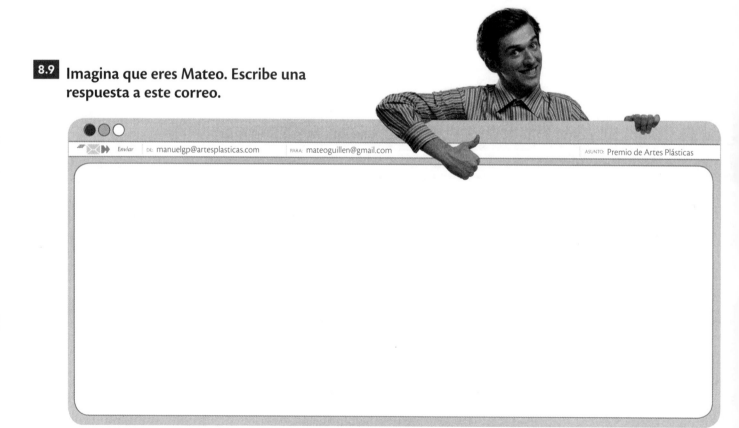

DE: manuelgp@artesplasticas.com   PARA: mateoguillen@gmail.com   ASUNTO: Premio de Artes Plásticas

**8.10** **Intercambia tu correo con el de tu compañero/a. Léelo e informa a la clase de lo que dice.**

Modelo: *Mateo dice que...*

## B. AMPLIACIÓN DE VOCABULARIO

### EL CELULAR

**8.11 Lee la siguiente noticia y coméntala con tus compañeros.**

Diario                                                                                     Fecha: 16 octubre

#### TE ODIO, TE AMO, CELULAR

**Indiscreto como ningún otro aparato, el teléfono celular domina nuestras vidas hasta en los momentos íntimos.**

■ Tangos, valses, lambadas, charlestones, músicas orientales y hasta los mismísimos Mozart y Beethoven anuncian que alguien nos llama. Si los grandes compositores de la historia levantaran la cabeza… Claro que estas melodías resultan útiles para diferenciar nuestro celular del resto, porque hay tantos que vivimos en un puro sobresalto y cuando suenan no sabemos dónde. Aunque en sus comienzos el celular era un símbolo de progreso y poderío, ahora se ha convertido en un incómodo e insoportable aparato del que no podemos prescindir estemos donde estemos. Y es aquí donde empiezan los problemas, ya que nos acompaña incluso al cuarto de baño. Recuerdo que una vez estaba hablando con una señora y me pidió disculpas porque iba a escuchar el inconfundible ruido de la cisterna… No importa el lugar donde estemos, incluso si tenemos al lado un teléfono convencional. Cuando Beethoven saca la batuta, todos a responder: que si el niño llegó tarde al colegio, que si faltaba algo en la lista de la compra, que si una amiga deprimida necesita que alguien la escuche… Un mínimo de educación y respeto exige que, al menos, se seleccione la modalidad "silencio" en determinadas circunstancias para no molestar.

**8.12 Clasifica las siguientes afirmaciones diciendo si se debe o no se debe hacer. Justifica la respuesta.**

Sí   No

**a.** Llevar el celular encendido y fuera de la guantera en el coche.

**b.** Mandar mensajes de texto a otras personas con el propósito de que nos llamen.

**c.** En el lugar de trabajo o estudio, mantener el celular encendido e incluso mantener dos llamadas al mismo tiempo, aunque normalmente disponemos de un teléfono fijo.

**d.** Dejar el celular encendido durante espectáculos públicos, ceremonias, entrevistas o reuniones importantes, o incluso hablar en esas situaciones.

**e.** Ponerlo sobre la mesa en restaurantes y comidas fuera de casa.

**f.** Dejarlo en el guardarropa y pedir que nos avisen si suena, cuando esperamos una llamada urgente.

**g.** Seleccionar sonidos indiscretos, ruidosos y llamativos a un volumen excesivamente alto.

**h.** Hablar incluso mientras caminamos conectados al celular.

**i.** Apagar el celular en los aviones, como suelen avisar por megafonía, porque puede causar interferencias en los instrumentos de vuelo.

**j.** Contestar a una llamada en la fila del supermercado.

**k.** Apagar el celular cuando entramos en una iglesia o en un lugar sagrado.

**l.** Hablar con el celular en un hospital.

**m.** Mandar un mensaje colectivo (el mismo mensaje que se envía a varias personas al mismo tiempo).

# C. GRAMÁTICA

## 1. EXPRESIONES DE HIPÓTESIS CON INDICATIVO (Textbook p. 233)

Para hacer hipótesis o suposiciones puedes usar:

- Probabilidad alta:

  **Creo que...**
  **Me parece que...** ⎤ + indicativo  – *Cree que voy a estudiar Filología.*
  **Seguro que...**

- Probabilidad media:

  **Supongo que...**
  **Me imagino que...** ⎤ + indicativo  – *Me imagino que trabajaré de profesor.*
  **Sí, seguramente...**

- Probabilidad baja:

  **A lo mejor...** ⎤ + indicativo  – *A lo mejor trabajo en América del Sur.*

**8.13** 🎧 **16** **Una estudiante de una escuela de español para extranjeros hace una serie de preguntas a Raquel, profesora de español, sobre el futuro de las universidades. Escucha y decide qué tipo de probabilidad hay en las suposiciones de Raquel. Ayúdate con el cuadro anterior.**

|  | Alta 80% | Media 50% | Baja 20% |
|---|---|---|---|
| **a.** En un futuro, la universidad será por Internet. Seleccionaremos profesor, clase y horario. | ☐ | ☐ | ☐ |
| **b.** Las bibliotecas estarán en Internet. | ☐ | ☐ | ☐ |
| **c.** Habrá una forma diferente de hacer los exámenes. | ☐ | ☐ | ☐ |
| **d.** Raquel será profesora de español por Internet. | ☐ | ☐ | ☐ |

**8.14** **Completa las siguientes frases según el grado de probabilidad que se indica.**

**a.** ........................ los alumnos harán los exámenes por Internet. (80%)

**b.** ........................ esta tarde almuerzo con mis abuelos. (50%)

**c.** ........................ hago un curso de italiano en verano. (20%)

**d.** ........................ Javier está enfermo, porque no vino a clase. (80%)

**e.** ........................ la película está muy bien porque dieron un premio a su director. (50%)

**8.15** Responde a las siguientes preguntas utilizando las estructuras aprendidas. Después, ordénalas de la más impactante para ti a la menos y busca a un compañero que tenga opiniones similares a las tuyas; defenderán sus opiniones (sí o no) ante el resto del grupo.

**a.** ¿Te irías a vivir a otro país –muy lejano y diferente– por amor, renunciando a tus estudios o carrera?

...........................................................................................................................................

**b.** ¿Cambiarías ahora de estudios/de profesión?

...........................................................................................................................................

**c.** ¿Aceptarías un trabajo muy bien pagado, pero sin posibilidad de vacaciones en cinco años?

...........................................................................................................................................

**d.** ¿Te irías ahora mismo a una isla desierta tú solo de vacaciones durante seis meses?

...........................................................................................................................................

**8.16** 🎧 **17** Hagan conjeturas sobre los lugares donde están las personas que platican. ¿Dónde podrá ser? Escriban frases con sus hipótesis. Luego, escuchen y ordenen las fotos según el diálogo.

a.

b.

c.

d.

e.

f.

**1.** La primera suponemos que será...

**2.** ...........................................................................................................................................

**3.** ...........................................................................................................................................

**4.** ...........................................................................................................................................

**5.** ...........................................................................................................................................

**6.** ...........................................................................................................................................

## 2. EXPRESIONES DE HIPÓTESIS CON INDICATIVO Y SUBJUNTIVO (Textbook pp. 234-235)

El español tiene muchos recursos para expresar la probabilidad. Uno de los más frecuentes es poner el verbo en subjuntivo tras determinados adverbios y locuciones adverbiales.

*Quizá(s)...*
*Tal vez...*
*Posiblemente...*
*Probablemente...*
+ indicativo / subjuntivo

– *Quizá mañana vamos/vayamos al cine.*
– *Tal vez nos quedamos/quedemos unos días más.*
– *Posiblemente consigues/consigas el trabajo.*
– *Probablemente no quiero/quiera venir.*

*Puede (ser) que...*
*Es posible que...*
*Es probable que...*
+ subjuntivo

– *Puede (ser) que mejore el tiempo.*
– *¿Es posible que nos veamos?*
– *Es probable que él sea el culpable.*

**8.17** **Lee las predicciones que hace una astróloga acerca de cómo será el mundo en el año 2500 y puntúalas, de uno (+) a cinco (-), de acuerdo con el grado de probabilidad que te parezca más adecuado.**

> **1. Muy probable • 2. Bastante probable • 3. Probable • 4. Poco probable • 5. Imposible**

- ☐ La rata será la mascota preferida de los niños. .............................
- ☐ No se celebrará la Navidad. .............................
- ☐ Los padres elegirán a sus hijos en un catálogo de combinaciones genéticas. .............................
- ☐ Estará de moda ser mayor y tener muchas arrugas; la gente se operará para conseguirlo. .............................
- ☐ Los hombres se maquillarán más que las mujeres. .............................
- ☐ Existirán museos donde se expondrán nuestros celulares, nuestras computadoras… .............................
- ☐ El amor será realidad virtual. .............................
- ☐ No habrá reyes ni emperadores. .............................
- ☐ Los extraterrestres visitarán la Tierra. .............................
- ☐ Nuevas religiones, hoy desconocidas, serán las más importantes del mundo. .............................

**8.18** **Ahora, compara tus resultados con los de tu compañero/a y juntos formen frases siguiendo el modelo.**

Modelo: *Es poco probable que en el año 2500 no se celebre la Navidad.*

**8.19** **Escribe cinco frases sobre cómo imaginas que será el mundo en el año 2500; no olvides usar formas de probabilidad. Luego, las discutes con tu compañero y reaccionas.**

a. .............................................................................
b. .............................................................................
c. .............................................................................
d. .............................................................................
e. .............................................................................

### 3. EL IMPERFECTO DE SUBJUNTIVO (Textbook pp. 236-237)

**IMPERFECTO DE SUBJUNTIVO REGULAR**

- El **imperfecto de subjuntivo regular** se forma en español a partir de la tercera persona del plural (*ellos*) del pretérito. La terminación *–ron* se sustituye por estas terminaciones:

|  | ESTUDIAR | COMER | VIVIR |
|---|---|---|---|
| Yo | estudia**ra** / estudia**se** | comie**ra** / comie**se** | vivie**ra** / vivie**se** |
| Tú | estudia**rás** / estudia**ses** | comie**ras** / comie**ses** | vivie**ras** / vivie**ses** |
| Él/ella/usted | estudia**rá** / estudia**se** | comie**ra** / comie**se** | vivie**ra** / vivie**se** |
| Nosotros/as | estudiá**ramos** / estudiá**semos** | comié**ramos** / comié**semos** | vivié**ramos** / vivié**semos** |
| Vosotros/as | estudia**rais** / estudia**seis** | comie**rais** / comie**seis** | vivie**rais** / vivie**seis** |
| Ellos/ellas/ustedes | estudia**ran** / estudia**sen** | comie**ran** / comie**sen** | vivie**ran** / vivie**sen** |

- Como se puede observar, cada conjugación tiene dos formas. Sin embargo, no existe ninguna diferencia gramatical entre ellas por lo que se pueden utilizar indistintamente, aunque es más frecuente el uso de la primera forma (*practicara*).

- El pretérito imperfecto de subjuntivo puede tener un valor temporal de presente, pasado o futuro, dependiendo del valor temporal del verbo al que acompañen:
  - *Quería que te quedaras a trabajar conmigo hasta las ocho, ¿te importa?* ➡ presente de cortesía
  - *Ayer mi amigo quería que le acompañara a su casa en coche.* ➡ pasado
  - *Ayer el médico me dijo que, dentro de un mes, empezara a practicar algún deporte.* ➡ futuro

**8.20** **Completa con los verbos en la forma adecuada del pretérito imperfecto de subjuntivo.**

**a.** Si (trabajar) ............................... más, ganaría más dinero.

**b.** Si (atender) ............................... a la profesora, no tendrías que estudiar tanto en casa.

**c.** Si (practicar) ............................... más deporte, estarías en forma.

**d.** Si (estudiar) ............................... más a menudo, tu vocabulario sería más amplio.

**e.** Si (ordenar) ............................... tu habitación, tu madre no se subiría por las paredes.

**f.** Si (hablar) ............................... menos por teléfono, reducirías tus facturas.

**g.** Si (ahorrar) ............................... un poco más, te podrías ir de vacaciones.

**h.** Si mi carro (entrar) ............................... en el garaje, no tendría que dejarlo en la calle.

**i.** Si me lo (pedir) ............................... con educación, te lo daría.

**j.** Si (dedicar) ............................... más tiempo a trabajar, conseguirías lo que quisieses.

**8.21** **Relaciona las dos partes de la oración.**

**1.** Si viviera cerca del mar,

**2.** ¿Podrías volver a hablarle

**3.** Si escucharas cuando te hablan,

**4.** Si me gustara patinar,

**5.** ¿Qué harías tú

**6.** ¿Debería volver a mi país

**7.** Si lo intentaras,

**8.** Tendrías que repetir el examen

**a.** no tendrías que preguntar dos veces.

**b.** si la economía mejorara?

**c.** estaría todos los días.

**d.** te resultaría fácil aprenderlo.

**e.** si te mintiera?

**f.** si te comentaran que fueron ellos?

**g.** si la nota fuese inferior a 5.

**h.** me iría con ustedes a la pista.

### IMPERFECTO DE SUBJUNTIVO IRREGULAR

Este tiempo se forma a partir de la 3.ª persona del pretérito indefinido de indicativo.

**8.22** **Completa la siguiente tabla de verbos irregulares en pretérito imperfecto de subjuntivo.**

| Infinitivo | Pretérito indefinido | Pretérito imperfecto de subjuntivo | |
|---|---|---|---|
| poner | pusieron | pusiera | pusiese |
| dormir | durmieron | durmiera | durmiese |
| preferir | | | |
| pedir | | | |
| morir | | | |
| querer | | | |
| hacer | | | |
| saber | | | |
| tener | | | |
| oír | | | |
| huir | | | |
| construir | | | |
| caber | | | |
| ser / ir | | | |
| estar | | | |

**8.23** **Completa las frases con el verbo en imperfecto de subjuntivo.**

**a.** Si (tener) ..................................... ese trabajo, no viajaría tanto.

**b.** Juan llegaría a la hora, si (saber) ................................. dónde estamos.

**c.** Si no (leer) ................................. tantos libros en español, no sabría tanto vocabulario.

**d.** Te invitaría, si (saber) ................................. que estabas tan interesado.

**e.** Si (conseguir) ................................. el trabajo, podría comprarme un carro.

**f.** El equipo de futbol iría ganando, si el arbitraje (ser) ................................. justo.

**8.24** **Pregunta a tu compañero/a.**

¿Qué harías si...?

- vivir en el Caribe.
- ser profesor/a.
- no tener Internet.
- ser famoso/a.

# D. DESTREZAS

## LECTURA

■ **Antes de leer**

**8.25** **Vas a resumir un texto sobre las revistas que suelen leer los jóvenes.**

> **ESTRATEGIA DE LECTURA: RESUMIR UN TEXTO**
>
> Para resumir un texto es importante subrayar las ideas que consideras importantes. Usa colores para diferenciar las ideas principales de las secundarias, y agrega notas y comentarios al margen del texto.

■ **Leer**

**8.26** **Lee el texto.**

### LOS ADOLESCENTES, SEGÚN LAS REVISTAS

•••➤ Después de realizar un estudio de ocho de las principales revistas juveniles que existen en el mercado español, la Unión de Consumidores de Extremadura (UCE) ha concluido que el 90% de estas publicaciones van dirigidas al público femenino y el principal mensaje que se envía es: hay que consumir.

Además, en estas revistas se ofrece una imagen estereotipada de las mujeres que no reflejan la realidad de las adolescentes. Presentan una adolescente preocupada únicamente de su imagen, por los muchachos y por temas frívolos como la vida de los famosos. Ser guapa, comprar las últimas tendencias de ropa y maquillaje, ser popular, estar en el grupo de la gente "cool", conseguir al joven más guapo y producir envidia entre las enemigas, es el objetivo por el que las muchachas deben luchar. Sin duda, esta imagen de la mujer invita al consumismo y al sexismo.

La doctrina se puede resumir en: "hay que comprar cosas modernas para ser cool" y "hay que gustarle a los chicos para ser feliz". Para conseguir todo esto, las revistas les dicen a sus lectoras cómo deben maquillarse, actuar, hablar y, por supuesto, qué tienen que comprar. UCE advierte que este tipo de mensajes puede influir negativamente en las lectoras al ver que no cumplen con el perfil de "supermujer" que se muestra.

Siempre se habla de mujeres guapas que consiguen todo lo que quieren y esto puede producir ansiedad e inseguridad entre las adolescentes. El estudio también critica que casi no hay secciones dedicadas a la cultura, la formación, el deporte, el medioambiente o consultorios serios, con expertos, para tratar temas de psicología, complejos, trastornos alimenticios o educación sexual, temas sobre los que los jóvenes buscan respuestas. Tampoco tratan valores como el respeto, la solidaridad o el esfuerzo personal.

El estudio recomienda mejorar y corregir el contenido de estas revistas, en ocasiones totalmente inadecuado para el público objetivo, puesto que influyen en la conducta de las jóvenes y en los hábitos que adquieren.

# D. DESTREZAS

## ■ Después de leer

**8.27** **Resume el texto anterior.**

**8.28** **Contesta a las siguientes preguntas.**

   **a.** ¿Cuál es el principal objetivo de las revistas juveniles según el estudio?

   **b.** Según el estudio, ¿cómo tiene que ser la mujer actual?

   **c.** ¿Qué contenidos deberían añadir estas revistas según la UCE?

   **d.** ¿De qué manera pueden influir estas revistas en las adolescentes?

   **e.** ¿Crees que realmente estas revistas influyen en los lectores?

   **f.** ¿Qué consejos da el estudio después de analizar las revistas?

## ESCRITURA

## ■ Antes de escribir

**8.29** **Tuviste un problema con tu celular nuevo y te quieres quejar a la compañía de teléfono donde lo compraste. Haz un dibujo con lo que quieres contar.**

### ESTRATEGIA DE ESCRITURA: IDENTIFICAR A TU INTERLOCUTOR

Para preparar un texto existen muchas técnicas, como hacer una lluvia de ideas, dibujar un mapa conceptual, o hacer un esquema o borrador. Otra técnica que no has aprendido es la de hacer un dibujo sobre el tema para que pueda inspirarte o servirte.

## ■ Escribir

**8.30** **Vas a escribir una carta a tu compañía quejándote de un problema que tuviste con el celular. Es un celular nuevo y no entiendes lo que ha podido pasar.**

## ■ Después de escribir

**8.31** **Revisa los siguientes aspectos de tu carta:**

   • Relación entre el resultado final y el dibujo que imaginaste al principio.

   • Precisión gramatical y ortografía.

   • Estructura de la carta formal.

   • Puntuación.

## D. DESTREZAS

### DISCURSO

**ESTRATEGIA DE PRESENTACIÓN ORAL: BUSCAR DIFERENTES TEMAS**

Una buena presentación está dividida en varios temas. Buscar las ideas principales relacionadas con una imagen es un buen recurso para preparar una exposición.

**8.32** Observa la imagen y señala los temas sobre los que puedes hablar.

**8.33** Describe con detalle, durante 2 o 3 minutos, lo que ves en la foto y lo que está ocurriendo en la imagen. Estos son algunos temas que puedes comentar:

- Las personas: dónde están, cómo son, qué hacen.
- El lugar en el que se encuentran: cómo es.
- Los objetos: qué objetos hay, dónde están, cómo son.
- Qué relación crees que existe entre estas personas.
- De qué crees que están hablando.

### FONÉTICA Y ORTOGRAFÍA

■ **Palabras con diferentes significados**

**8.34** Lee las siguientes frases y elige la opción correcta.

a. París es el único lugar **a donde** / **a dónde** quiero ir.

b. Ella se ha situado en un lugar **adónde** / **adonde** ni tú ni yo llegamos.

c. ¿**Adónde** / **Adonde** te llevan?

d. Los jóvenes creen que no debe haber normas. ¡**A dónde** / **A donde** iremos a parar!

e. **A sí mismo** / **Así mismo**, me vino a decir que comprara otro coche.

f. Es necesario **así mismo** / **asimismo** que vengas conmigo esta tarde.

g. No paró de maldecirme durante el viaje. Me insultó **así mismo** / **asimismo** cuando me bajé del coche.

h. María se peina **a sí misma** / **asimisma**.

i. Vine **porque** / **porqué** quiero contarte algo importante.

j. Estas son las razones **por que** / **porque** quería venir.

k. No quiero saber el **porqué** / **por qué** de tu enfado.

l. Me gustaría saber **porque** / **por qué** viniste.

m. No fue ella **sino** / **si no** él quien la escribió.

n. **Sino** / **Si no** me dices qué te pasa no podré ayudarte.

## LAS TELENOVELAS

**8.35** **Lee el texto y contesta a las preguntas. Luego, comenta tus ideas con la clase.**

**ESTÁN ENTRE LOS PROGRAMAS FAVORITOS DE LOS LATINOAMERICANOS. TIENEN HUMOR, PASIÓN, DRAMA E HISTORIAS DE ACTUALIDAD: BIENVENIDO AL MUNDO DE LAS TELENOVELAS, UNA EXPRESIÓN CULTURAL LATINOAMERICANA QUE SE DISFRUTA EN EL MUNDO ENTERO.**

Muchos artistas latinos han comenzado su carrera en las telenovelas. Entre ellos, Ricky Martin, Salma Hayek y Thalía. Kate del Castillo es una de las actrices de telenovela más famosas en la actualidad. La mexicana ha protagonizado *La reina del sur*, una telenovela basada en el libro del escritor español Arturo Pérez-Reverte.

*La reina del sur* se emitió en Estados Unidos por el canal latino Telemundo, con mucho éxito: casi dos millones y medio de espectadores vieron el primer capítulo.

El actor William Levy, de origen cubano, es otra de las caras nuevas del mundo de las telenovelas. William ha trabajado como galán en producciones como *Triunfo del amor* y *Sortilegio*. También ha aparecido en varias publicidades y en el programa norteamericano *Dancing with the Stars*.

«En América Latina, la telenovela tiene una existencia que se remonta a la misma televisión», dice Nora Mazziotti, investigadora y autora del libro *Telenovela: industria y prácticas sociales*. Según Mazziotti, este tipo de programas fue considerado, durante mucho tiempo, inferior, dirigido a la gente con poca cultura, pero con el tiempo se convirtió en una de las expresiones culturales latinoamericanas que más circulan por el mundo.

La investigadora identifica varios tipos de telenovela, de acuerdo con su origen geográfico. Las mexicanas, donde los valores tradicionales son importantes y los personajes sufren mucho; las telenovelas brasileñas, donde se tratan temas modernos y de actualidad; la telenovela colombiana, llena de energía y humor…

Por último, Mazziotti habla de la telenovela «global», generalmente producida en Miami, donde la idea de ser latino se traduce en color, ruido y pasión.

# E. CULTURA

**a.** ¿Sueles ver alguna telenovela?

**b.** ¿Has visto alguna telenovela en español?

**c.** ¿Qué sabes de las telenovelas que han aparecido en el texto?

**d.** ¿Todas las telenovelas son dramáticas? ¿Por qué?

**e.** ¿Quién es tu actor/actriz de telenovelas o televisión favorito/a? ¿Por qué?

**f.** ¿Qué telenovelas conoces y cómo las describirías en pocas palabras?

**8.36** **Mira dos capítulos de la telenovela mexicana *Triunfo del amor* en la página web de Televisa. ¿Cómo describirías a Max Sandoval Montenegro, el galán?**

............................................................

............................................................

............................................................

............................................................

............................................................

............................................................

............................................................

............................................................

**8.37** **Lee la programación de hoy en la página web de Univisión. Clasifica los programas en noticieros, películas, telenovelas, etc. ¿Qué tipo de programas son mayoría? ¿Por qué?**

**8.38** **La telenovela colombiana *Betty, la fea* fue adaptada a muchos países. Entre ellos, China, India, Polonia y Turquía. Busca un capítulo de una de estas versiones y compáralo con uno de la telenovela original. Anota las principales diferencias que veas.**

**8.39** **Busca información sobre tu telenovela favorita y escribe un pequeño texto sobre ella. Luego, preséntala al resto de la clase.**